Verena

Andrea Erkert

Sanfte Ruheerlebnisse für Krabbelkinder

Hilfreiche Angebote zum Entspannen, Kuscheln, Trösten und Träumen für die Kleinsten

Illustrationen: Annie Meussen

Ökotopia Verlag, Münster

Impressum

Autorin	Andrea Erkert, Backnang
Lektorin	text.[Marke] Katja Müllenmeister, Hamburg
Covergestaltung	PERCEPTO mediengestaltung
Illustratorin	Annie Meussen, AJ Herpen (NL)
Satz	Hain-Team (www.hain-team.de)
ISBN	978-3-86702-244-6

2. Auflage 2015

Bleiben Sie in Kontakt

www.oekotopia-verlag.de

Sanfte und ruhige Instrumentalklänge zum Entspannen für Kinder von 0 bis 3 Jahren finden Sie auf der Begleit-CD zum Buch:

Martin Buntrock
Sanfte Ruheerlebnisse für Krabbelkinder
Musik zum Entspannen, Stillwerden, Kuscheln und Einschlafen

ISBN 978-3-86702-245-3

Inhalt

Vorwort 4

Entspannung mit Kindern unter 3 Jahren 7

Entspannt in den Tag 15

Ruhige Wahrnehmungsspiele für alle Sinne 30

Innere Stille für zwischendurch 46

Natur erleben und entspannen 62

Den Tag ruhig ausklingen lassen 79

Anhang

Register 95
Literatur und Musik (Krippe & Kiga) 99
Die Autorin 101
Die Illustratorin 101

Vorwort

Kinder brauchen von klein auf **Zuwendung, Liebe, Halt und Geborgenheit,** welche das Urvertrauen stärken und nicht zuletzt die Persönlichkeitsentwicklung fördern.

Eine schöne Möglichkeit, um den liebevollen Kontakt zwischen dem Kind und seiner Bezugsperson zu intensivieren, bieten kindgerechte Entspannungsmethoden, die vor allem auch das allgemeine Wohlbefinden steigern. Die Babymassage, die in vielen Kulturen praktiziert wird, ist ein gutes Beispiel dafür, wie Kinder, ohne selbst aktiv zu werden, die individuelle Zuwendung seitens ihrer Bezugspersonen genießen, sich beruhigen und entspannen können.
Für den Erfolg sind wir als **Vorbilder** maßgebend, indem wir innere Ruhe, eine entspannte Einstellung und eine ausgeglichene Befindlichkeit ausstrahlen. Aus diesem Grund kann es manchmal ratsam sein, die Entspannung mit Kindern auf einen späteren Zeitpunkt zu verschieben.

Bei der Anleitung zur Entspannung ist ein besonderes Augenmerk auf unsere Stimme zu richten. Sie sollte weder zu laut noch zu schrill sein, da sonst die Kinder einfach nicht zur Ruhe kommen. Hierfür eignen sich insbesondere Wiegenlieder in einer hohen Tonlage, mit denen die Kinder bald zur Ruhe finden und sich gut entspannen.

Nicht zuletzt ist der **Übungsort von zentraler Bedeutung.** Besonders schön ist es, wenn Entspannung mit Kindern unter freiem Himmel durchgeführt wird. Im Wald oder auf der Wiese können die Kinder die frische Luft einatmen, den Gesang der Vögel hören und die kleinen Kostbarkeiten aus der Natur entdecken. Vielleicht findet sich auch in der Einrichtung ein separater Raum, der mit wenig Aufwand in eine „Oase der Ruhe“ (➜ S. 11) verwandelt werden kann.
Für die Entspannungsangebote sollten solche Zeiten ausgewählt werden, in denen es nicht ganz so turbulent in der Einrichtung zugeht.

Bei der Auswahl von Entspannungsangeboten muss man sich stets darüber bewusst sein, dass Kinder im Krippenalter **Aktiv- und Ruhephasen im Wechsel** brauchen. Kinder, die z. B. sehr unruhig sind, benötigen in erster Linie Bewegungsangebote, die ihnen helfen, innere Unruhe abzubauen. Auf diese Weise können die Kinder viel besser von den nachfolgenden Entspannungsangeboten profitieren und zur Ruhe kommen.
Besonders bewährt haben sich **kurze Entspannungshasen (1 bis 5 Minuten),** die über den Tag verteilt sind. Sie kommen den Kindern unter 3 Jahren sehr entgegen, da sie aufgrund ihres Alters über eine noch relativ geringe Ausdauer und Konzentration verfügen. Unabhängig davon brauchen Babys und Kleinkinder **Wiederholungen,** die ihnen viel Sicherheit, Halt und Orientierung geben. Aus diesem Grund sollten die ausgewählten Entspannungsangebote über einen längeren Zeitraum immer wieder durchgeführt werden, sodass jedes Kind erahnt, was auf es zukommt und auf was es sich freuen kann. Manchmal kann daraus sogar ein schönes Ritual werden, wie z. B. im Morgen- und Abschlusskreis.
Ganz egal, für welche Entspannungsangebote man sich letztendlich entscheidet, die Entspannung sollte ein fester Bestandteil im Tagesablauf und **langfristig angelegt** sein.

Und wie ist das Buch aufgebaut?

Der Praxisteil besteht aus fünf Kapiteln mit verschiedenen Themenschwerpunkten, die passend dazu Spiele und andere Angebote zum Ruhigwerden und Entspannen enthalten. Im letzten Kapitel gibt es zusätzlich kurze Einschlafgeschichten und andere Einschlafhilfen.

Zudem werden zu jeder Praxisidee eine empfohlene Altersangabe und – falls überhaupt erforderlich – auch die benötigten Materialien angegeben. Darüber hinaus wird bei den einzelnen Entspannungsangeboten mit Musikuntermalung ein Musiktitel von der gleichnamigen CD von Dr. Martin Buntrock empfohlen.

Die Spiele und Angebote aus den einzelnen Kapiteln können einzeln durchgeführt oder auch aus verschiedenen Kapiteln miteinander kombiniert werden. Nicht zuletzt lassen sich die Spiele und Angebote durch eigene Ideen verändern oder erweitern. Dabei können die Kinder auf vielfältige Weise zur Ruhe kommen und sich entspannen.

Im ersten Kapitel **„Entspannt in den Tag“** wird gezeigt, wie Kinder morgens in aller Ruhe den Tag anfangen und begrüßen können. Es wird anschaulich dargestellt, wie man eine harmonische Atmosphäre bereits in der Früh für die Kinder schaffen kann. Zudem werden ruhige Spiele zum Ankommen und Begrüßen u. a. für den Morgenkreis vorgestellt. Diese können regelmäßig durchgeführt werden, sodass daraus ein schönes Morgenritual werden kann, auf das sich die Kinder jeden Morgen freuen und verlassen können.

Das zweite Kapitel **„Ruhige Wahrnehmungsspiele für alle Sinne“** enthält zahlreiche Spiele und Angebote zum Wahrnehmen. Die Praxisideen können auf dem Wickeltisch, im Spielkreis, auf der Decke oder aber am Tisch durchgeführt werden. Im Gegensatz zu den Allerkleinsten, die auf das, was die Erwachsenen ihnen anbieten, angewiesen sind, können die älteren Kinder bereits einfache Wahrnehmungsspiele mit anderen durchführen. Diese schärfen die Sinne und fördern die Aufmerksamkeit und innere Ruhe.

Im dritten Kapitel **„Innere Stille für zwischendurch“** wird gezeigt, wie die einzelnen Kinder durch Ruhespiele, Streichelverse, einfache Streichel-, Pinsel-, Klang-, Hand- und Fußmassagen, Mandalas und ruhige Tänze zur Ruhe kommen und neue Kraft und Energie tanken können. Auf diese Weise sind sie bald wieder fit und munter.

Die Spiele und Übungen aus dem vierten Kapitel **„Natur erleben und entspannen“** eignen sich nicht nur für die Innenräume, sondern auch für Entspannung in der freien Natur. Es werden Ruhe- und Wahrnehmungsspiele sowie Streichelverse und einfache Streichelmassagen vorgestellt, die sich auf die Natur beziehen. Dabei werden in erster Linie nur solche Materialien verwendet, die die Kinder draußen sammeln können. Darüber hinaus gibt es auch Mandalas und ruhige Tänze rund um die Natur, die einfach und entspannend zugleich sind.

Im fünften und letzten Kapitel **„Den Tag ruhig ausklingen lassen“** werden Möglichkeiten zum Ruhigwerden und Einschlafen vorgestellt, die sich kurz vor dem Mittagsschlaf oder abends vor dem Zubettgehen eignen. Sie tun allen Kindern gut und helfen ihnen, dass sie zu einem entspannten Schlaf finden. Darüber hinaus wird anschaulich erklärt, wie Kinder sich im Abschlusskreis u. a. durch Ruhespiele und klangpädagogische Angebote voneinander verabschieden können, um ganz entspannt nach Hause zu gehen und sich auf den morgigen Tag freuen zu können.

Ziel ist es insgesamt, dass die Kinder von klein auf ihre Wahrnehmung schärfen, Stille erleben und genießen, zur Ruhe finden und entspannen sowie ein gutes Körperschema aufbauen, Fantasie und Kreativität entwickeln und nicht zuletzt ihr Selbstwertgefühl steigern.
Bei all den genannten Vorteilen, welche die Entspannungsangebote mit sich bringen, sollten jedoch stets der **Spielspaß und die Freude** am gemeinsamen Tun im Vordergrund stehen.

In diesem Sinne wünsche ich Ihnen gemeinsam mit den Kindern viele schöne und entspannte Stunden.

Ihre
Andrea Erkert

Entspannung mit Kindern unter 3 Jahren

Spielerisch und leicht entspannen

Für Babys und Kleinkinder gibt es eine Vielzahl an Entspannungsangeboten, die ihrem Entwicklungsstand, ihren Bedürfnissen und Interessen gerecht werden.

In diesem Buch werden **kindgemäße Entspannungsmöglichkeiten** vorgestellt, bei denen das Ruheerlebnis im Vordergrund steht und für die **keine therapeutischen Kennt-**

nisse erforderlich sind. Insgesamt bieten sie sich **für Kinder von 3 bis 36 Monaten** an. Sie können mit mehreren Kindern und zum Teil einzeln ohne viele Materialien, falls diese überhaupt erforderlich sind, durchgeführt werden.

Für die Allerkleinsten eignet sich besonders gut eine **Babymassage,** die ursprünglich aus Indien stammt. Viele Hebammen bieten Kurse für Eltern an, die die Babymassage erlernen möchten. Zudem kann man durch liebevolles Streicheln das Baby, so wie in diesem Buch beschrieben, auch ohne bestimmte Techniken mit oder ohne Babyöl verwöhnen. Es ist jedoch empfehlenswert, eine Massage immer mit einem schönen Ritual zu beginnen, z. B. vor den Augen des Kindes die eigenen Hände so lange gegeneinanderreiben, bis sie warm werden. Um das Kind auf die Massage einzustimmen, kann dann die eine Hand für 30–60 Sekunden auf den Kopf und die andere auf die Brust des Kindes gelegt werden.

Die älteren Kinder mögen es besonders, wenn bei der Massage eine kurze Geschichte erzählt wird, zu der sie sich passend dazu z. B. selbst massieren oder von jemand anderem verwöhnen lassen.

Bei dieser sogenannten **Streichelmassage** muss die Spielleitung, die den Text vorliest, hinter jedem Satz eine kurze Pause lassen, da das Gesagte nicht nur verstanden, sondern entsprechend gut auch in der Praxis umgesetzt werden muss.

Zudem tut den Kindern eine **Hand- und Fußmassage** sehr gut. Mit dem Daumen können die Handflächen und Fußsohlen mit kleinen kreisenden Bewegungen massiert werden. Mit dem Daumen und Zeigefinger werden dann sanft die einzelnen Finger bis zu den Fingerspitzen ausgestrichen. So entspannen die Kinder sich ohne viel Zutun. Eine Fußmassage macht jedoch auch mit dem Igelball viel Freude. Passend dazu kann natürlich auch eine kleine Geschichte erzählt werden.

Die **Pinselmassage** löst bei den Kleinen ebenfalls ein Wohlbehagen aus. Es können saubere Kugelpinsel, aber auch Wasserfarben- und Borstenpinsel verwendet werden. Außerdem eignen sich z. B. Federn und kleine Naturschwämme, um die Babys und Kleinkinder damit zu berühren und zu streicheln. Besonders Kinder, die sich von anderen nicht so gerne anfassen lassen, können sich mithilfe einer Pinselmassage viel leichter entspannen und dabei so ganz nebenbei ein gutes Körperschema aufbauen.

Dadurch, dass Babys und Kleinkinder bereits im Mutterleib von Klängen umgeben waren, genießen sie vor allem auch eine wohltuende **Klangmassage.** Die Klangschalen werden mit einem Klöppel entweder angeschlagen oder gerieben. Die Schwingungen, die durch den ganzen Körper fließen, sprechen das Urvertrauen an und wirken entspannend. Durch die neue Art der Körpererfahrung können insbesondere unruhige Kinder leichter loslassen und tiefe Entspannung erfahren, sodass sie relativ schnell wieder im Einklang mit sich selbst sind.

Für Kinder unter 3 Jahren sind im Übrigen die Kleinkinder-Baby-Gelenkschale (universell auf dem ganzen Körper einsetzbar), die Kleinkinder-Baby-Herzschale (besonders gut für den oberen Körperbereich) und die Kleinkinder-Baby-Beckenschale (besonders gut für den unteren Körperbereich) von Peter Hess sehr geeignet, da alle drei Qualitätsklangschalen weder zu schwer noch zu groß sind.

Es können jedoch nicht nur Klangschalen, sondern auch Instrumente, die sich für andere

klangpädagogische Angebote zum Entspannen eignen, eingesetzt werden. Im Elementarbereich werden hierfür u. a. Glocken, Zimbeln, verschiedene Gongs und andere Naturinstrumente, wie z. B. Regenmacher und Ocean-Drum, verwendet.

Unabhängig davon können sämtliche Massagebewegungen mit einer ruhigen Instrumentalmusik begleitet werden, die leise im Hintergrund zu hören ist. Sie verhilft den Kindern schneller zur Ruhe und mehr Gelassenheit. Die **Entspannungsmusik** bietet sich nicht nur für zwischendurch, sondern auch kurz vor dem Mittagsschlaf oder abends vor dem Zubettgehen an. In diesem Zusammenhang sei auch auf den nachfolgenden Abschnitt „Entspannungsmusik" (➜ S. 13) hingewiesen.

Zudem können **Ruhespiele,** bei denen die Kinder ihre Aufmerksamkeit wenige Sekunden auf den eigenen Körper richten, eine gute Überleitung für weitere Entspannungsangebote sein. Sie können jedoch auch für sich alleine stehen und nahezu überall den Kindern schöne Ruherlebnisse vermitteln.
Für Krippenkinder bieten sich außerdem **Wahrnehmungsspiele** an. Neben so manchem pädagogisch wertvollem Fühlbuch und anderem Babyspielzeug lässt sich auch mithilfe von einfachen Materialien die Aufmerksamkeit und Wahrnehmung von Babys spielerisch fördern. Für ältere Kinder eignen sich besonders gut Wahrnehmungsspiele, bei denen bewusst ein bis zwei Sinne angesprochen werden. Insgesamt laden sie zum intensiven Beobachten und Verstehen, Lauschen und Erahnen, Riechen und Schmecken, Greifen und Begreifen und nicht zuletzt zum Genießen und Wohlfühlen ein.

Eine weitere gute Entspannungsmöglichkeit erhalten Kinder durch einfache **Mandalas** – Mandala bedeutet so viel wie Kreis. Die meisten Kinder unter 3 Jahren sind jedoch noch nicht in der Lage, ein Mandala von innen nach außen oder umgekehrt auszumalen. Allerdings können die älteren Kinder in der Gruppe mithilfe der Spielleitung z. B. um eine Kerze kreisförmige Ringe aus unterschiedlichen kleinen Naturmaterialien streuen oder aus verschiedenen Gegenständen legen. Jeder Ring kann dann z. B. aus einem bestimmten Naturmaterial bestehen.
Ein großes Mandala, das die Kinder auf den Boden gelegt haben, eignet sich hervorragend für einen **ruhigen Tanz.** Die Spielleitung gibt die einfachen und langsamen Tanzschritte vor, welche die Kinder sofort mitmachen. Läuft ruhige Entspannungsmusik im Hintergrund, ist das Bewegungstempo ohnehin entsprechend langsam. Dadurch wird ermöglicht, dass bereits Kleinkinder von sich aus gut mithalten können.

Besonders schön ist es, wenn die Erwachsenen die Allerkleinsten einfach auf dem Arm tragen und mittanzen. Hierfür eignen sich auch Tragehilfen, wie z. B. Tücher und Tragesäcke. Die Hände der Erwachsenen sind dann zum Tanzen frei. Auf diese Weise können Groß und Klein den ruhigen Tanz ausgiebig genießen.

Im Folgenden werden nun ein paar Tragegriffe für Babys beschrieben, die sich insbesondere für so manches Entspannungsangebot aus diesem Buch besonders gut anbieten:

In der Armbeuge

Die Spielleitung legt das Baby mit dem Rücken auf ihren Unterarm, sodass das Köpfchen in der Armbeuge liegt. Beide gucken sich an. Mit dem zweiten Arm hält sie behutsam den Rücken, Po und die Beine fest.

An der Schulter

Die Spielleitung umfasst mit einer Hand den Po und mit der anderen stützt sie den Rücken des Kindes. Dabei ruht der Kopf an einer Schulter der Spielleitung, evtl. mit Spucktuch.

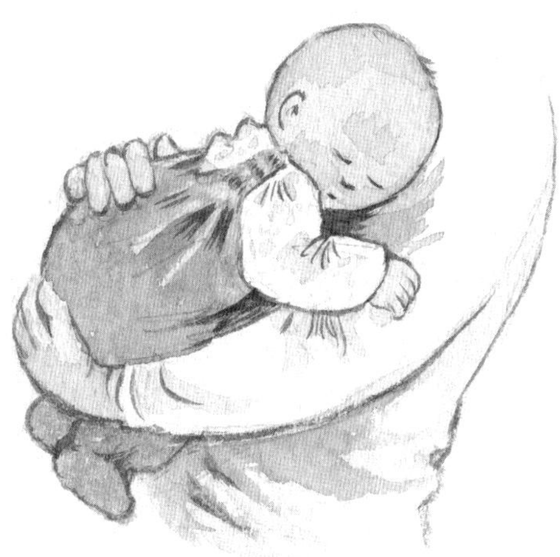

Ein-Bein-Tragegriff

Eine sehr bequeme und auch besonders gesunde Tragehaltung für Babys ist der „Ein-Bein-Tragegriff", der eine stabile Haltung sicherstellt: Die Spielleitung drückt das Baby dabei mit ihrem rechten Arm mit dem Rücken gegen ihre Brust. Mit der rechten Hand greift sie schräg über den Bauch des Babys zu seinem linken Oberschenkel, sodass das Hüft- und Kniegelenk gebeugt werden und dadurch die Haltung stabil ist. Von Zeit zu Zeit wechselt die Spielleitung die Seite.

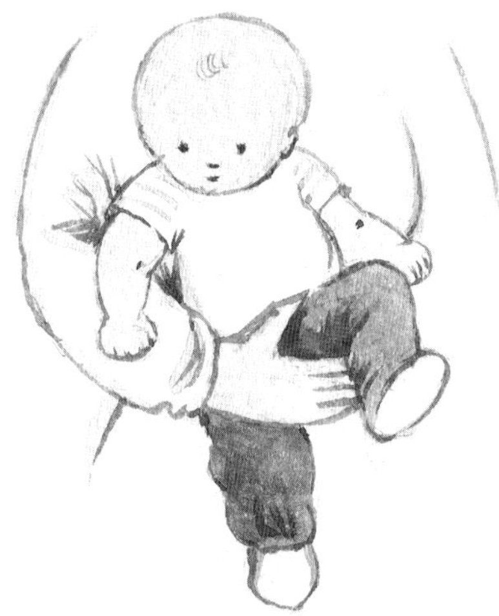

Fliegergriff

Beim Fliegergriff legt die Spielleitung das Baby bäuchlings auf ihren Unterarm. Der Kopf ruht in der Armbeuge der Spielleitung.
Die Hand greift zwischen seinen Beinen unter den Bauch und hält das Kind an seinem Oberschenkel fest.

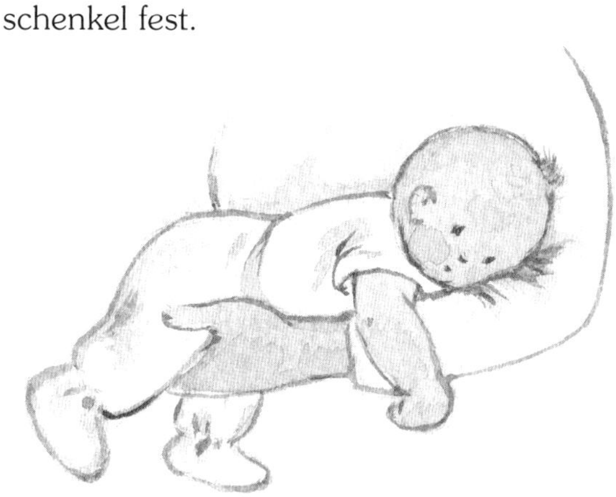

Darüber hinaus lieben Krippenkinder eine kurze und nicht zu schnell vorgelesene **Einschlafgeschichte,** die mit einer kurzen Entspannungsmusik beginnt und schließlich auch so wieder enden kann. Selbst wenn sie das Gesagte noch nicht verstehen, freuen sich die Kinder über die emotionale Zuwendung, die ihnen allein schon durch das Vorlesen entgegengebracht wird.

Eine Oase der Ruhe

Nr. 1 „Oase der Ruhe"

Im Entspannungs- und Wahrnehmungsraum können die Kinder sich für ein gezieltes Entspannungsangebot oder einfach so zwischendurch treffen. In diesem Raum können sie miteinander träumen und sich in aller Ruhe auf die Sinnesmaterialien einlassen. Darüber hinaus kann die Spielleitung sich gemeinsam mit ein paar Kindern, die bereits früh am Morgen in die Einrichtung kommen, in diesen Bereich zurückziehen und ihnen auf Wunsch dann z. B. ein Bilderbuch vorlesen.

Dementsprechend muss der Entspannungs- und Wahrnehmungsraum Ruhe ausstrahlen und so ausgestattet sein, dass die Kinder gerne im Raum verweilen. Der Raum muss im wahrsten Sinne des Wortes eine „Oase der Ruhe" mit **möglichst wenig äußeren Störeinflüssen** sein und eine gemütliche Atmosphäre ausstrahlen. Zu viel Spielzeug und zu viele Fensterbilder und Bastelprodukte lenken nur unnötig ab und können sich ungünstig auf die Entspannung mit Kindern auswirken. Die Kinder brauchen vor allem auch Freiräume für ihre Gedanken, Fantasien und Träume. Zudem muss der Raum genügend **Platz für einen Stuhlkreis** und **angenehme Liegemöglichkeiten** bieten.

Da sich Entspannung auf vielfältige Art fördern lässt und jedes Kind anders ist, sollten den Kindern unterschiedliche Sachen zur Verfügung stehen, die sich an dem Entwicklungsstand, den Interessen und Bedürfnissen der einzelnen Kinder orientieren.
Eine **Kuschelecke für Ruhephasen** und **Naturmaterialien für sinnliche Erfahrungen,** wie z. B. eine Sandwanne und Kastanien, sollten keinesfalls fehlen. Viele Kinder können auch durch **einfache Sinnesmaterialien zum Experimentieren,** wie z. B. einen Kreisel und ein paar Chiffontücher, innerlich zur Ruhe kommen. Nicht zuletzt sind einzelne **Snoezelen-Elemente** bereits für Babys und Kleinkinder geeignet. Besonders gut bieten sich u. a. eine große verspiegelte Wassersäule mit Podest, Leuchtkugeln und Lichtwassersäulen an. Im Raum kann sich zudem ein mit Lammfell abgedecktes Babyplanschbecken ohne Wasser befinden, das bereits Krabbelkinder mit großer Freude und Hingabe erkunden.

Eine **gute Musikanlage** oder eine handliche Allroundanlage, die jederzeit im Raum positioniert und überall mit hingenommen werden kann, sollte keinesfalls fehlen. Die Entspannungsmusik, z. B. „Oase der Ruhe" auf der gleichnamigen CD, die dann leise im Hintergrund erklingt, trägt dazu bei, dass alle Kinder bereits beim Betreten des Raums die entspannte Atmosphäre spüren. Das führt dazu, dass sie sich gleich wohlfühlen und viel schneller zur Ruhe kommen.

Ganz egal, ob die Kinder sich einfach so im Raum zurückziehen oder an einem gezielten Entspannungsangebot teilnehmen, sollten sie möglichst nicht frieren. Der Raum muss vor dem Betreten **gut durchlüftet und dann wohlig temperiert** werden. Dadurch, dass die Kinder sich nicht so viel bewegen, darf es ruhig etwas wärmer als gewöhnlich im Raum sein.

Besonders wichtig ist auch, dass der Raum etwas abgedunkelt werden kann. Eine **indirekte, gedämpfte Lichtquelle,** wie z. B. gefahrlose LED-Kerzen, LED-Lichternetze oder Leuchtsterne, trägt zu einer harmonischen Atmosphäre in der Gruppe bei und begünstigt die Entspannung.

Darüber hinaus sollte jedes Kind zum Hinsetzen ein kleines Kissen und zum Hinlegen eine **weiche Unterlage,** wie z. B. ein Lammfell oder eine Wolldecke, haben, die allesamt am besten im Ruhe- und Wahrnehmungsraum deponiert werden. Besonders hilfreich für die Entspannung können auch **Kuscheltiere** sein, die sich im Ruhe- und Wahrnehmungsraum befinden und ganz nach Belieben von den Kindern geholt und geknuddelt werden können.

Falls es keinen Entspannungs- und Wahrnehmungsraum gibt, können spezielle Ruhe- und Entspannungsbereiche eingerichtet werden, die vom übrigen Raum abgetrennt sind:

- Es kann den Kindern im Gruppenraum ein kleiner Wohlfühlbereich, der z. B. mit einem Kuschel- und Schlafkorb, einer Schaumstoffmatratze, einer Wassersäule, ein paar Salzkristall-Leuchten und Leuchtschlangen ausgestattet ist, frei zur Verfügung stehen. Auch ein Baldachin über dem Kuschelbereich sieht sehr schön aus und signalisiert allen bereits von Weitem, wo sich der Wohlfühlbereich im Raum genau befindet.

- Alternativ lässt sich im Gruppenraum auch eine kleine Insel der Entspannung einrichten:

am besten auf einem beigen Spielteppich, der den Sandstrand darstellt. Dort befinden sich z. B. ein bis zwei weich gepolsterte mit Sicherheitsgurten ausgestattete Babyhängematten, auf welchen die Kinder in unterschiedlichen Positionen liegen können (z. B. auf dem Rücken, Bauch). Auf diese Weise erhalten sie ein Gefühl wie im Mutterleib. Durch leichtes Schwingen können selbst unruhige oder schreiende Kinder sich wieder schnell beruhigen und gut entspannen. Besonders schön ist es, wenn sich über der Matte ein Mobile, z. B. mit Meerestieren, befindet, das das Kind während des Liegens betrachten kann. Damit für die Kinder auch ringsherum ein Inselgefühl aufkommt, können ein bis drei naturgetreue Plamen aufgestellt und ein Riesenposter mit Sonne, Strand und Meer aufgehängt werden.

- Auch ein Spielhaus eignet sich als Rückzugsmöglichkeit: Es kann nicht nur als Kaufmannsladen, Märchenschloss oder Kasperletheater verwendet werden, sondern auch als Ruhehöhle. Besonders für Kinder, die vielleicht noch etwas müde sind, kann eine Höhle der ideale Ort sein, um wieder genügend Kraft und Energie zu sammeln. Dadurch, dass die Höhle ein in sich geschlossener kleiner Raum ist, können sich die einzelnen Kinder gut vom Gruppengeschehen zurückziehen und so zur Ruhe und Besinnung kommen. Zudem kann in der Höhle leise Entspannungsmusik erklingen. Dabei können die Kinder noch besser abschalten.

  Eine kostengünstigere und ebenso schöne Möglichkeit bietet das Spielzelt für Kinder ab dem ersten Lebensjahr. Schnell und einfach kann das Kind sich entweder alleine oder mit seinen Freunden im Zelt verstecken und sich so einfach mal vom ganzen Trubel zurückziehen.

  Ob Höhle oder Spielzelt: beide kommen nicht ohne weiche Unterlagen, wie z. B. Decken, aus, damit es sich die Kinder so richtig bequem darin machen können.

Entspannungsmusik

Nr. 1–6

Entspannungsmusik und Einschlaflieder wirken sehr **beruhigend und entspannend** auf Babys und Kleinkinder. Im Gegensatz zu den Wiegenliedern werden sie nicht speziell zum Einschlafen eingesetzt, sondern eignen sich einfach auch mal für zwischendurch, um zur Ruhe zu kommen und das innere Gleichgewicht wieder herzustellen.

Die warmen Instrumentalklänge, die z. B. mit wohlklingenden Naturgeräuschen untermalt sind, führen bereits die Allerkleinsten an Orte der Ruhe, die ihnen guttun und zu einem harmonischen Gruppenerleben beitragen.

Entspannungsmusik kann prinzipiell vielfältig eingesetzt werden. Sie eignet sich **für so manche Ruhe- und Wahrnehmungsspiele, ruhige Tänze** und als **Hintergrundmusik, wie z. B. beim Erzählen oder Vorlesen einer Einschlafgeschichte.** Die Sprechpausen sind dann mit ruhiger Musik gefüllt. Folgt die Entspannungsmusik erst nach einer Geschichte, können insbesondere Kinder, die vielleicht etwas länger zum Einschlafen brauchen, durch die warmen Instrumentalklänge ebenfalls gut zur Ruhe kommen und einschlafen.

Die Entspannungsmusik kann jedoch auch **unabhängig von konkreten Angeboten** eingesetzt werden. Im Ruhe- und Wahrnehmungsraum können sich die einzelnen Kinder z. B. mit verschiedenen Sinnesmaterialien beschäftigen und dabei die im Hintergrund leise erklingende Entspannungsmusik genießen.

Damit jedoch die Musik als angenehm empfunden wird und ihre **positive Wirkung auf Seele, Geist und Körper** entfalten kann, sollte Folgendes beachtet werden:
Als Erstes ist auf die Musikanlage zu achten. Dadurch, dass jüngere Kinder besonders schnell ablenkbar sind, können knackende Geräusche und eine schlechte Klangwiedergabe die Entspannung im Handumdrehen zerstören. Aus diesem Grund ist eine **gute Qualität der Musikanlage** nicht zu unterschätzen. Ideal sind handliche Allroundanlagen, die auch mit Batterie betrieben werden können. Auf diese Weise können im Wald oder auf der Wiese jederzeit auch ruhige Tänze oder andere Entspannungsangebote mit Musik schnell und einfach durchgeführt werden.
Bei der Auswahl der Entspannungsmusik sollte man **die Länge des Musikstücks beachten.** Für gezielte Entspannungsangebote, wie z. B. im Spielkreis, sollten auf jeden Fall kurze Musikstücke ausgewählt werden, welche der geringen Aufmerksamkeitsspanne der Allerkleinsten gerecht werden. Im Gegensatz dazu kann für so manches freie Angebot, wie z. B. im Entspannungsraum, ruhig ein längeres Musikstück ausgewählt werden.
Damit jedoch die Musik die **Entspannung mit Kindern begünstigen** kann, muss sie zum Angebot passen. Für Entspannungsangebote mit Naturmaterialien empfiehlt es sich, vor allem solche Entspannungsmusik einzusetzen, die mit wohltuenden Naturgeräuschen, wie z. B. Vogelstimmen, untermalt ist. Sie unterstützt ohne viel Zutun innere Bilder und weckt Assoziationen. Dabei können die Kinder sich nicht nur entspannen, sondern auch das, was draußen geschieht, in den Innenräumen viel besser vertiefen.
Sollte jedoch das Musikstück länger als das Angebot dauern, darf die Entspannungsmusik keinesfalls abrupt ausgeschaltet werden. Die Entspannungsmusik muss ganz langsam ausgeblendet werden. Die Kinder müssen das Gefühl haben, dass die Musik allmählich endet.

Es gibt mittlerweile eine große Vielfalt an Entspannungsmusik für die Kleinsten auf dem Markt. Dennoch ist nicht jede Musik, die als Entspannungsmusik angeboten und verkauft wird, insbesondere für Babys und Kleinkinder geeignet. Gute Entspannungsmusik zeichnet sich dadurch aus, dass sie aus ruhigen Klängen, sanften Rhythmen und einem langsamen Tempo besteht. Manchmal ist sie auch mit Naturgeräuschen unterlegt. Die Spielleitung sollte möglichst solche Musikstücke auswählen, die ihrem persönlichen Geschmack entsprechen. Beim Anhören der Musik muss sie selbst zur Ruhe kommen. Auf diese Weise wird ihre eigene Ruhe und Ausgeglichenheit gut auf die Kleinsten übertragen. Dadurch können sich Groß und Klein gleichermaßen an der Entspannungsmusik erfreuen.

An dieser Stelle sei auch auf die **gleichnamige CD zum Buch von Dr. Martin Buntrock** hingewiesen, die ebenfalls im Ökotopia Verlag erschienen ist. Die Entspannungsmusik auf der CD wurde speziell für Babys und Kleinkinder entwickelt und eignet sich für so manches Entspannungsangebot und „Betthupferl" aus diesem Buch.

Entspannt in den Tag

Kinder möchten gerne in aller Ruhe in ihren Tag starten und in der Einrichtung ankommen. Wichtig hierfür ist, dass sich sowohl die Kinder als auch deren Eltern dort wohl und aufgenommen fühlen. Damit das jedoch gut gelingt, sollte die Spielleitung alle herzlich empfangen und etwas Zeit für ein Tür- und Angelgespräch haben. Außerdem brauchen die Eltern ausreichend Zeit, um sich von ihren Sprösslingen zu verabschieden.

Das erste Kapitel zeigt, wie im Handumdrehen eine harmonische Atmosphäre bereits früh am Morgen entstehen kann. Es werden Spiele, ruhige Tänze & Co. zum Ankommen und Begrüßen im Morgenkreis vorgestellt. Auf diese Weise können schon die Allerkleinsten ganz relaxed ihren Tag beginnen, sich gut auf die Gruppe einlassen und auf das Kommende freuen. Es empfiehlt sich, die eine oder andere Praxisidee jeden Morgen zu wiederholen, sodass daraus ein schönes Morgenritual werden kann. Derartige wiederkehrende, vertraute Abläufe schaffen Geborgenheit, Orientierung, Sicherheit und Halt, welche alle Kinder brauchen.

Entspannungslicht(er)

Nr. 1: „Oase der Ruhe“

Besonders in den Herbst- und Wintermonaten, wenn es draußen in der Früh noch sehr dunkel ist, erfreuen Lichter nicht nur Kinderherzen. Dabei kann auch leise Entspannungsmusik im Hintergrund laufen.

Alter: ab 3 Monaten
Material: Fotoapparat, Computer, pro Kind 1 leeres Babynahrungsglas, 1 LED-Teelicht und 1 selbstklebender Fotosticker des Kindes, jede Menge selbstklebende Motive, wie z. B. Sterne, Herzen o. Ä., Entspannungsmusik, CD-Player

Die Spielleitung macht von jedem Kind ein Foto und sucht einen Anbieter für Fotosticker im Internet aus, bei dem sie lediglich das gewünschte Aufkleberformat auswählen und die Druckdaten hochladen muss. Sie bastelt gemeinsam mit den älteren Kindern die Entspannungslichter, die bei der morgendlichen Begrüßung zum Einsatz kommen sollen. Dazu entfernt sie die Etiketten von den Babynahrungsgläsern, wäscht sie aus und versieht jedes Glas mit einem Fotosticker, auf dem eines der Kinder abgebildet ist. Die älteren Kinder verzieren die Gläser mit ein paar Sternen, Herzen und anderen Motiven. Die Spielleitung stellt die Gläser zur Seite, damit sie sie bei Bedarf zur Begrüßung der Kinder herausholen kann.

Kurz bevor die Kinder morgens in die Einrichtung kommen, macht die Spielleitung die Entspannungsmusik an, die dann leise im Hintergrund erklingt. Immer, wenn ein Kind den Raum betritt, schaltet die Spielleitung ein LED-Teelicht ein. Diese Teelichter werden nicht heiß und sind somit für Kinder ungefährlich. Sie stellt das LED-Licht in das Glas des betreffenden Kindes und übergibt es ihm. Je nach Alter kann es das Entspannungslicht alleine oder mithilfe eines Erwachsenen z. B. auf einen Tisch stellen und im Kerzenschein z. B. ein Bild malen, puzzeln oder ein Würfelspiel mit anderen Kindern spielen. Sind alle Kinder angekommen, genießen sie die schöne Atmosphäre im Gruppenraum. Die Spielleitung blendet langsam die Entspannungsmusik aus.
Hinweis: Wird der Gruppenraum etwas abgedunkelt, kommen die leuchtenden Kerzen besonders gut zur Geltung, die auf Kinder beruhigend und entspannend zugleich wirken.

Begrüßung im Schneckentempo

Für die ruhige Begrüßung der Kinder am Morgen können gut Plüschtiere eingesetzt werden. Dazu eignen sich vor allem Tiere, die eine gewisse Ruhe und Langsamkeit ausstrahlen, wie z. B. eine Schnecke.

Alter: ab 1 Jahr
Material: 1 Schnecke aus Plüsch o. Ä.

Damit die einzelnen Kinder nicht zu stürmisch den Gruppenraum betreten, empfängt die Spielleitung jedes Kind mit einem Plüschtier. Besonders geeignet ist hierfür z. B. eine Schnecke, die Langsamkeit symbolisiert. Die Spielleitung spricht mit dem Kind im Schneckentempo und schaut sich gemeinsam mit ihm in aller Ruhe im Gruppenraum um. Auf diese Weise findet jedes Kind bestimmt ein schönes Spiel, das es entweder alleine oder mit anderen spielen kann.
Hinweis: Im Übrigen nutzen auch Logopäden die Langsamkeit der Schnecke, damit die Kinder z. B. ihre Artikulation und Grammatik verbessern.

Hallo Igel!

Alter: ab 2,5 Jahren
Material: 1 Igelball; evtl. pro Kind 1 Kissen und 1 Igelball

Die Kinder sitzen an einem Tisch oder befinden sich, falls mehr als fünf Kinder mitmachen, im Kreis auf ihren Kissen.
Die Spielleitung holt sich einen Igelball und setzt sich zu den Kindern. Sie rollt den Ball in Richtung eines Kindes, das sich den Igelball nimmt. Es massiert mithilfe des Igelballs z. B. erst den einen und dann den anderen Arm. Dabei sagt es leise *„Hallo Igel!"*. Es rollt den Igelball in Richtung eines anderen Kindes, das mit dem Igelball z. B. erst das eine und dann das andere Bein massiert und den „Igel" ebenfalls begrüßt.
Nachdem jedes Kind einmal an der Reihe war, ist das Spiel beendet

Variante ab 1,5 Jahr

Vor jedem Kind sitzt eine erwachsene Person und hält einen Igelball in der Hand.
Die Erwachsenen zeigen den Kindern den Igelball und begrüßen den „Igel" mit einem freundlichen *„Hallo"*. Die Erwachsenen knien sich hinter die Kinder, um sie entlang ihrer Wirbelsäule mit dem Igelball zu massieren.
Ist die Massage beendet, nehmen die Kinder die Igelbälle in die Hände und bedanken sich gemeinsam mit den Erwachsenen bei den „Igeln" für die tolle Massage.
Hinweis: Aus gesundheitlichen Gründen ist bei der Massage darauf zu achten, dass die Igelbälle nicht direkt über die Wirbelsäule gerollt werden.

Der leise Morgengruß

Alter: ab 2,5 Jahren
Material: 1 Gymnastikreifen; evtl. 1 Klangschale

Die Kinder bilden einen Stuhlkreis, in dessen Mitte die Spielleitung einen Gymnastikreifen platziert. Ein beliebiges Kind geht auf Zehenspitzen in Richtung Kreismitte. Steht das Kind in dem Reifen, begrüßt die Gruppe leise flüsternd das Kind. Es schleicht auf leisen Sohlen auf ein weiteres Kind zu, um mit ihm den Platz zu tauschen.
Erst wenn alle Kinder an der Reihe gewesen sind, stellt die Spielleitung sich in den Reifen, die nun von der Gruppe leise begrüßt wird.

Variante

Die Kinder stellen sich mit einigem Abstand hintereinander im Uhrzeigersinn auf. Die Spielleitung legt auf die Kreisbahn zwischen zwei Kinder einen Gymnastikreifen. Sobald die Klangschale erklingt, gehen alle einen Schritt im Kreis

links herum und bleiben stehen. Ist der Klang verklungen, wird dasjenige Kind, das im Reifen steht, von der Gruppe leise mit seinem Vornamen begrüßt. Erklingt erneut die Klangschale, machen alle einen weiteren Schritt im Uhrzeigersinn und wenden sich demjenigen Kind zu, das nun im Reifen steht. Auch dieses begrüßen sie leise nach Verklingen der Klangschale.
Das Spiel ist aus, sobald alle Kinder einmal im Reifen stehen konnten und somit begrüßt wurden.

Klingender Morgenkreis

Alter: ab 3 Monaten
Material: 1 Klangschale; evtl. mehrere Klangschalen; evtl. pro Kind 1 Kissen

Die Gruppe steht im Kreis beisammen. Die Allerkleinsten befinden sich mit Blickrichtung zur Kreismitte auf den Armen der Erwachsenen und werden im „Ein-Bein-Tragegriff gehalten (➜ S. 10).
Die Spielleitung steht in der Kreismitte und schlägt eine Klangschale an. Ist der Klang verklungen, grüßt sie laut in die Runde. Die Kinder und die Erwachsenen mit den Babys treten der Reihe nach in die Kreismitte. Sie schlagen die Klangschale ebenfalls einmal an und begrüßen so die anderen.

Variante ab 1 Jahr

Die Kinder sitzen im engen Kreis auf ihren Kissen. Die Spielleitung verteilt mehrere Klangschalen im Innen- und Außenkreis, die sie der Reihe nach anschlägt. Die Klänge sind wohltuend und äußerst entspannend. Erst wenn nichts mehr zu hören ist, geben sich alle im Kreis zur Begrüßung gegenseitig die Hände.

Flüsterndes Willkommen

Alter: ab 2 Jahren

Die Gruppe sitzt im Stuhlkreis beisammen. Die Spielleitung sagt ganz leise *„Hallo!“* zu den Kindern, die sich ebenso leise gegenseitig begrüßen. Auf die gleiche Weise können sie sich z. B. auch leise auf Italienisch *(„Ciao!“)*, Spanisch *(„Hola!“)*, Portugiesisch *(„Olá!“)*, Französisch *(„Bonjour!“)* oder gar auf Türkisch *(„Merhaba!“)* begrüßen.
Nach ein paar Durchgängen teilt die Spielleitung der Gruppe leise mit, welche Aktivität als Nächstes folgt. Auf diese Weise kündigt sie z. B. den Tanz „Morgendämmerung“ (➜ S. 19) an, zu dem die Kinder gemeinsam durch die Gegend wirbeln.

Hörst du nicht die Klänge?

Alter: ab 1,5 Jahren
Material: 1 Gong o. Ä.; pro Kind 1 Kissen
Kinderlied: Bruder Jakob

Die Kinder sitzen im Kreis beisammen. Die Spielleitung holt sich einen Gong und setzt sich zu ihnen. Sie singt das altbekannte Kinderlied „Bruder Jakob“ vor, welches die älteren Kinder bestimmt bald mitsingen können. Bei der letzten Zeile ersetzt sie das Wort *„Glocken“* durch *„Klänge“*:

„Bruder Jakob, Bruder Jakob,
schläfst du noch? Schläfst du noch?
Hörst du nicht die Klänge?“ (2 ×)

Die letzte Zeile *„Ding, dang, dong, ding, dang, dong“* lässt die Spielleitung einfach weg und schlägt stattdessen den Gong an. Dafür wartet sie jedes Mal, bis der Klang vollkommen verklun-

gen ist. Auf diese Weise lässt sie den Gong insgesamt sechsmal erklingen, sodass alle Kinder mithilfe der warmen, wohltuenden Klänge ihren Tag viel ruhiger und entspannter starten können.
Hinweis: Wer möchte, kann auch die geänderte Liedstrophe einfach vorlesen und danach den Gong sechsmal – so wie oben beschrieben – erklingen lassen.

Streichelzarte Begrüßung

Alter: ab 3 Monaten
Material: 1 Klangschale oder 1 Triangel

Die Gruppe bildet einen engen Kreis. Die Allerkleinsten liegen mit dem Bauch auf dem Arm eines Erwachsenen (➜ S. 10 „Fliegergriff").
Die Spielleitung holt sich eine Klangschale und stellt sich zu der Gruppe auf die Kreisbahn.
Sie stellt die Klangschale direkt vor ihre Füße auf den Boden und schlägt sie an. Sie wendet sich demjenigen Kind zu, das links neben ihr steht, streichelt ihm z. B. über die rechte Schulter und begrüßt das Kind leise. Bei erneutem Anschlagen der Klangschale wendet sich das von der Spielleitung willkommen geheißene Kind seinem linken Nachbarskind zu und begrüßt es ebenso liebevoll. Handelt es sich hierbei um ein Baby auf einem Arm, streichelt es diesem alleine oder zusammen mit der Spielleitung sanft z. B. über die Arme, Beine oder gar Wangen und grüßt es leise. Reihum wird die Begrüßungsrunde so fortgeführt. Dabei können auch unterschiedliche Begrüßungsarten, wie z. B. Händeschütteln, Winken, Umarmen, zum Einsatz kommen. Kinder, die nicht berührt werden wollen, werden einfach nur leise begrüßt. Wurden alle Kinder begrüßt, wünscht die Spielleitung auch den Erwachsenen einen guten Morgen oder schönen Tag.

Morgendämmerung

Nr. 2: „Morgendämmerung"

Alter: ab 2,5 Jahren
Material: pro Kind 1 kleines Chiffontuch in Gelb, Orange oder Rot, 1 Gymnastikreifen, Entspannungsmusik, CD-Player, 1 Klangschale

Die Kinder stehen im Kreis und erhalten von der Spielleitung jeweils ein Chiffontuch.
Die Spielleitung platziert in der Kreismitte einen Gymnastikreifen und eine Klangschale. Sie schaltet die Entspannungsmusik ein, stellt sich auf die Kreisbahn und macht vom Platz aus mit ihrem Tuch zur Musik passende langsam fließende Bewegungen vor, welche die Kinder sofort nachahmen.

Zur Melodie der Musik schwingen z. B. alle die Tücher hin und her, bewegen sie kreisförmig und lassen sie sanft in der Luft flattern, indem sie sich um die eigene Achse drehen.
Ist das Musikstück beendet, bleiben alle Kinder auf ihrem Platz stehen. Die Kinder legen nun der Reihe nach ihre Tücher, die Sonnenstrahlen darstellen, um den Reifen herum. Bei der Anordnung der Tücher kann die Spielleitung behilflich sein.
Stehen alle Kinder wieder auf der Kreisbahn, schlägt die Spielleitung eine Klangschale an. Ist der Klang verklungen, wünscht sie der Gruppe einen schönen Tag mit hoffentlich viel Sonnenschein.

Foto-Begrüßung

Alter: ab 2 Jahren
Material: Fotokamera, Fotopapier, Drucker

Die Spielleitung macht von jedem Kind ein Foto, das sie ausdruckt und für das nachfolgende Spiel beiseitelegt.

Die Spielleitung sitzt gemeinsam mit den Kindern um einen Tisch herum. Die Fotos legt sie dazu verdeckt auf dem Tisch aus.
Sie deckt ein Foto auf und wendet sich demjenigen Kind zu, das auf dem Foto abgebildet ist. Sie flüstert ihm leise *„Guten Morgen!“* ins Ohr. Da-

nach deckt sie ein weiteres Foto auf, um das nächste Kind auf die gleiche Weise zu begrüßen. Das Spiel ist aus, sobald alle Fotos umgedreht und somit alle Kinder begrüßt wurden.

Variante ab 2,5 Jahren

Hierbei decken die Kinder selbst die Fotos auf und begrüßen sich gegenseitig, indem sie sich zur Begrüßung die Hand geben. Sollte ein Kind sein eigenes Foto umdrehen, deckt es dieses einfach wieder zu und zieht ein weiteres Foto. Das Spiel endet, sobald alle Fotos aufgedeckt sind.

Federweiches Wecken

Alter: ab 2,5 Jahren
Material: 1 Feder

Der Gruppenraum wird zu einer großen Schlafhalle. Alle Kinder mit Ausnahme von einem tun so, als ob sie im Kreis auf ihren Stühlen schlafen würden. Sie können dazu z. B. die Augen schließen, schnarchen oder den Kopf seitlich auf die Schulter legen. Ein Kind steht in der Kreismitte und hat eine Feder in der Hand. Es geht auf irgendein Kind zu, um es mit der Feder im Gesicht sanft zu berühren. Das betreffende Kind wacht auf, reibt sich z. B. die Augen oder reckt und streckt sich und tauscht mit ihm den Platz. Es weckt ein anderes Kind mit der Feder.
Das Spiel ist aus, sobald alle Kinder wach und munter sind. Die Spielleitung begrüßt die Gruppe und wünscht allen eine tolle Spielzeit.

Variante

Die Kinder sitzen im Stuhlkreis beisammen. Die Spielleitung übergibt einem beliebigen Kind eine Feder, mit der es sanft eine Wange seines linken Nachbarkindes berührt. Es übergibt ihm dann seine Feder. Auf diese Weise wandert die Feder von Hand zu Hand und weckt jedes Kind. Erst wenn die Spielleitung die Feder wieder in den Händen hält, begrüßt sie die Gruppe und wünscht allen einen riesen Spielspaß.

Verdecktes Händeschütteln

Alter: ab 2,5 Jahren
Material: pro Kind 1 Chiffontuch in verschiedenen Farben, 1 Triangel

Die Kinder sitzen an einem Tisch. Ein beliebiges Kind sucht sich ein Tuch aus, das die Spiel-

leitung auf dem Tisch ausbreitet. Das Kind wählt ein weiteres Kind aus, das mit ihm gemeinsam unter das Tuch greift. Beide Kinder reichen sich unter dem Tuch die Hände und wünschen sich gegenseitig einen guten Morgen. Als Nächstes darf sich das Kind links vom Ausgangskind ein Tuch auswählen und sich einen Spielpartner für das verdeckte Händeschütteln aussuchen.
Das Spiel endet, sobald alle Tücher auf dem Tisch ausgebreitet sind. Die Kinder stehen auf und gehen langsam einmal um den Tisch herum. Dabei schlägt die Spielleitung immer wieder die Triangel an. Ist der Klang nicht mehr zu hören, bleiben sie stehen, um ausgiebig die farbenfrohen Tücher zu begutachten, welche die Vielfalt in der Gruppe widerspiegeln.

Variante

Eines der Kinder legt seine Hand leise auf die Tischmitte. Die Spielleitung breitet über dem Handrücken des Kindes ein Tuch aus. Das Kind links neben ihm legt ebenfalls eine Hand leise auf das Tuch, unter dem sich die Hand des ersten Kindes befindet. Die Spielleitung deckt auch diese Hand mit einem Tuch zu. Der „Hände-Turm" wächst so lange, bis das letzte Kind eine Hand auf den Stapel gelegt hat.
Auf Anweisung der Spielleitung reißen alle Kinder ruckartig ihre Arme in die Luft. Die Tücher fliegen in die Luft. Dabei rufen alle laut: *„Guten Morgen!"*

Brrr macht der Wecker

Dieses Spiel bietet sich besonders gut an, wenn die Kinder noch etwas müde sind. Mithilfe des Spiels können sie sich nicht nur etwas ausruhen, sondern auch üben, wie man sich gut im Liegen entspannt.

Alter: ab 2,5 Jahren
Material: pro Kind 1 Lammfell o. Ä., 1 Wecker

Die Kinder verteilen ihre Lammfelle oder Decken auf dem Boden. Auf Anweisung der Spielleitung hin legen sie sich mit dem Rücken auf jeweils ein Lammfell. Die Arme sind etwas angewinkelt und die Beine leicht gespreizt. Die Handflächen zeigen nach oben oder unten. Sie tun so, als ob sie schlafen würden, indem sie z. B. ihre Augen schließen.
Die Spielleitung stellt den Wecker nun so ein, dass dieser nach einer Minute klingelt. Wer schafft es, so lange ruhig liegen zu bleiben, bis der Wecker klingelt?
Klingelt der Wecker, ballen alle Kinder ihre Hände zu Fäusten, recken und strecken sich ausgiebig und stehen langsam über die Seitenlage auf. Die Spielleitung wünscht allen Kindern einen recht schönen guten Morgen.

Variante

Die Spielleitung ist jetzt selbst der Wecker, geht zu einem beliebigen Kind und macht leise ein passendes Weckgeräusch. Das betreffende Kind ballt die Hände zu Fäusten, reckt und streckt sich und steht langsam über die Seitenlage auf. Es spielt nun ebenfalls einen Wecker und sucht sich ein weiteres „schlafendes" Kind aus, das es ebenfalls mit einem passenden Weckgeräusch aufweckt.

Das Spiel ist aus, sobald alle Kinder geweckt wurden und aufgestanden sind. Am Schluss wünscht die Spielleitung der Gruppe einen „Guten Morgen".

Morgengruß ohne Worte

Bei dem Spiel werden die Kinder lautlos von der Spielleitung begrüßt und zwar so, dass sie so ganz nebenbei zur Ruhe kommen.

Alter: ab 2 Jahren

Die Kinder sitzen im Stuhlkreis beisammen. Die Spielleitung geht auf ein beliebiges Kind zu, um es z. B. per Handschlag zu begrüßen. Danach sucht sie sich ein weiteres Kind aus, dem sie zur Begrüßung z. B. zuwinkt, auf den Rücken klopft oder gar eine Handmassage zukommen lässt, indem sie mit ihrem Daumen kleine kreisende Bewegungen auf seiner Handfläche macht und schließlich sanft mit dem Daumen und Zeigfinger die anderen Finger bis hin zu den Fingerspitzen ausstreicht.
Das Spiel wird ohne Worte so lange weitergeführt, bis alle Kinder begrüßt wurden.
Hinweis: Bei diesem Spiel muss die Spielleitung die Kinder gut kennen und somit auch einschätzen können, wie die Kinder am liebsten begrüßt werden wollen. So mögen es z. B. nicht alle Kinder, wenn ihnen die Hand massiert wird. Allerdings können sich die Vorlieben der Kinder auch im Laufe der Zeit ändern. Bei Wiederholung des Spiels kann es sein, dass ein Kind plötzlich eine Handmassage richtig genießen kann.

Variante ab 2,5 Jahren

Ein beliebiges Kind geht auf ein anderes Kind im Kreis zu, um es zur Begrüßung z. B. zu umarmen. Die beiden Kinder tauschen ihre Plätze. Dasjenige Kind, das nun im Innenkreis steht, sucht sich ein weiteres Kind aus, dem es zur Begrüßung z. B. auf die Schultern klopft.
So geht es immer weiter, bis alle Kinder lautlos von einem anderen Kind begrüßt wurden.

Wen begrüßt die Maus?

Alter: ab 1 Jahr
Material: 1 kleine Maus, z. B. aus Plüsch, pro Kind 1 Kissen

Die Kinder sitzen im Kreis auf ihren Kissen. Die Spielleitung holt sich z. B. eine kleine Plüschmaus und geht auf Zehenspitzen im Außenkreis links herum. Heimlich versteckt sie die Maus hinter einem Kind auf den Boden. Während sie nun leise weitergeht, sagt sie:

„Wen begrüßt die Maus in unserem Haus?"

Die Kinder drehen sich alle um und schauen nach, ob sich hinter ihnen die kleine Maus befindet. Dasjenige Kind, das die Maus hat, wird nun von der Gruppe begrüßt.
Eine neue Spielrunde beginnt, in der ein anderes Kind mit der Maus begrüßt wird.
Das Spiel ist aus, sobald alle Kinder einmal die Maus erhalten haben und somit von der Gruppe begrüßt wurden.

Variante ab 2,5 Jahren

Ein beliebiges Kind erhält die Plüschmaus. Während nun alle Kinder den o. g. Satz ganz leise sagen, reichen sie die Maus von Hand zu Hand im Uhrzeigersinn herum. Ist der Satz beendet, begrüßt die Gruppe leise dasjenige Kind, das gerade die Maus in den Händen hält.

Das Wetter heute

Alter: ab 3 Monaten
Material: 1 Regenmacher oder 1 Klangschale, pro Kind 1 Kissen

Die Gruppe sitzt im Kreis beisammen. Die Erwachsenen halten die Allerkleinsten auf dem Arm (➜ S. 10 „An der Schulter“). Sollte es draußen tatsächlich regnen, holt die Spielleitung den Regenmacher und sagt:

„Es regnet leicht heute (oder: sehr).
Guten Morgen Leute!“

Sie lässt den Regenmacher erklingen, indem sie das Instrument leicht schräg hält. Sollte jedoch draußen die Sonne scheinen, sagt sie laut:

„Die Sonne scheint heute.
Guten Morgen Leute!“

In diesem Fall schlägt sie die Klangschale an, deren warmer Klang durchaus an wohltuende Sonnenstrahlen erinnern kann.

Sonnige Grüße

Alter: ab 2,5 Jahren
Material: 1 Pappteller, gelbe Plakafarbe, 2–3 Pinsel, gelbes Tonpapier, 1 Schere, 1 Klangschale oder Triangel

Ein bis zwei Kleinkinder bemalen zusammen mit der Spielleitung einen Pappteller mit gelber Farbe. Die Spielleitung schneidet mit einer Schere aus gelben Tonpapier etwa 20 cm lange Streifen und legt Teller und Tonpapierstreifen für das nachfolgende Begrüßungsspiel beiseite.

Die Spielleitung setzt sich am Morgen mit einer Kleingruppe an einen Tisch. Sie dreht den gel-

ben Pappteller mit der Oberseite auf die Tischmitte. Jedes Kind erhält von ihr einen gelben Tonpapierstreifen. Sie sucht sich irgendein Kind aus, das das Spiel beginnt.
Während nun die Spielleitung *„Guten Morgen!“* zu dem betreffenden Kind sagt und es dabei mit seinem Vornamen begrüßt, schlägt sie die Klangschale an. Ist der Klang verklungen, legt das ausgewählte Kind seinen gelben Streifen so hin, dass ein Ende des Streifens den Tellerrand berührt und das andere Ende auf ein beliebiges Kind in der Runde zeigt. Dieses Kind wird nun als Nächstes von der Spielleitung namentlich begrüßt.
Liegen alle Streifen wie Sonnenstrahlen am Tellerrand, geben die Kinder sich alle gegenseitig die Hände und sagen *„Guten Morgen!“* . Die Spielleitung schlägt ein letztes Mal die Klangschale an. Alle Kinder hören den warmen Klang der Klangschale und bewundern die strahlend gelbe Sonne in der Tischmitte.

Morgenpost

Das Spiel verläuft ähnlich wie das altbekannte Spiel „Flüsterpost“. Im Gegensatz dazu müssen die Kinder aber nicht einen bestimmten Begriff von Ohr zu Ohr flüstern.

Alter: ab 2,5 Jahren

Alle Kinder sitzen im Kreis beisammen und überlegen sich gemeinsam ein paar Begrüßungsworte, wie z. B. *„Guten Morgen!“*, *„Hallo!“* *„Hey!“* oder *„Ciao!“* .
Ein beliebiges Kind fängt an und flüstert seinem linken Nachbarn ein beliebiges Begrüßungswort ins Ohr. Das wendet sich dem Nächsten aus der Runde zu und flüstert ihm das gleiche oder auch ein anderes Begrüßungswort ins Ohr. Reihum wird so jedes Kind einmal im Flüsterton begrüßt.

Variante

Alle Kinder stehen im Kreis vor ihren Stühlen. Die Spielleitung flüstert einem beliebigen Kind ein Begrüßungswort ins Ohr. Das ausgewählte Kind geht auf ein anderes Kind zu, um es flüsternd mit dem gleichen oder auch mit einem anderen Wort zu begrüßen, und setzt sich dann auf dessen Stuhl. Das andere Kind wählt ein weiteres Kind aus, um ihm ebenfalls ein Begrüßungswort ins Ohr zu flüstern.
Am Ende des Spiels sitzen alle Kinder auf ihren Stühlen.

Morgentanz

Nr. 2 „Morgendämmerung“

Für dieses Spiel werden die Entspannungslichter aus dem ersten Spiel „Entspannungslicht(er)“ benötigt, auf denen sich die Fotos der Kinder befinden (→ S. 16).

Alter: ab 2 Jahren
Material: Entspannungsmusik, CD-Player, pro Kind 1 Entspannungslicht (→ S. 16) und 1 Kissen

Die Spielleitung schaltet die Entspannungsmusik ein. Alle Kinder sitzen im Schneidersitz auf ihren Kissen und ruhen sich aus, indem sie z. B. den Kopf auf den Schoß legen. Die Spielleitung stellt vor einem beliebigen Kind ein Glas mit leuchtendem LED-Licht auf und streichelt ihm schließlich behutsam über den Kopf. Reihum erhalten die Kinder so ihre mit ihren Fotos verzierten Entspannungslichter. Die Spielleitung gesellt sich zu den Kindern in den Kreis und lädt sie zu einem ruhigen Tanz ein. Dazu stehen alle auf und gehen zur Melodie der Entspannungsmusik Hand in Hand so lange im Uhrzeigersinn herum, bis die Musik beendet ist. Alle bleiben stehen und setzen sich wieder auf ihre ursprünglichen Kissen. Die Spielleitung geht der Reihe nach zu den Kindern, um sie zu begrüßen.

Variante ab 2,5 Jahren

Anstelle sich Hand in Hand zur Melodie im Uhrzeigersinn zu bewegen, bewegen sich die Kinder um die eigene Achse drehend links im Kreis herum. Dabei fassen sie sich mit ihren Händen an die Hüften. Ist die Musik aus, bleiben alle stehen und setzen sich vor ihr Entspannungslicht. Danach verläuft alles so, wie oben beschrieben.

Hasengrüße

Kinder lieben es, Tiere nachzumachen, z. B. sich wie sie fortzubewegen. Das nächste Spiel greift diese Vorliebe auf und kombiniert sie mit einem Begrüßungsspiel.

Alter: ab 2,5 Jahren
Material: 1 Triangel

Alle Kinder sitzen im Stuhlkreis beisammen. Die Spielleitung überlegt sich ein Tier, das sich leise verhält. Sie sagt z. B.: „*Alle Hasen-Kinder begrüßen sich!*" Die Kinder spielen nun die Hasen, die in die Kreismitte hoppeln. Begegnen sich zwei, schütteln sie sich kurz die Hände. Die Be-

grüßung dauert so lange an, bis die Spielleitung die Triangel erklingen lässt. Alle Kinder setzen sich wieder auf ihre Kissen im Kreis.
Eine neue Spielrunde beginnt, bei der sich z. B. alle Schnecken-Kinder im Innenkreis treffen und sich gegenseitig per Handschlag begrüßen.

Variante ab 2 Jahren

Die Spielleitung benennt ein Tier, wie z. B. Marienkäfer, und ruft zwei beliebige Kinder auf, die nicht zu nah beisammensitzen sollten. Die beiden Kinder spielen Marienkäfer und machen mit ihren Armen z. B. Flugbewegungen. Beide gehen aufeinander zu und begrüßen sich gegenseitig ganz leise. Sitzen die Kinder wieder auf ihrem Ausgangsplatz, benennt die Spielleitung ein neues Tier, z. B. Regenwurm, das die nächsten Kinder nachahmen usw. Wenn alle Kinder einmal ein Tier sein durften, ist das Spiel zu Ende.

Wir machen es uns schön

Dieses Kreisspiel eignet sich hervorragend für eine größere Gruppe: Gemeinsam starten die Kinder ruhig und entspannt in den Tag und stärken das Wir-Gefühl.

Alter: ab 2 Jahren
Material: 1 Triangel

Die Spielleitung bildet gemeinsam mit den Kindern einen großen Kreis. Sie lässt die Triangel erklingen. Ist der Klang verklungen, gehen alle Kinder so lange in Richtung Kreismitte, bis sie sich gegenseitig die Hände geben können. Stehen alle im geschlossenen Kreis, lässt sie die Triangel noch einmal erklingen und sagt, sobald der Klang verklungen ist, laut:
„Heute machen wir uns einen schönen Tag, weil ich euch alle in der Gruppe sehr mag!“

Ist der Satz beendet, reißen sie vor Freude ihre Arme in die Luft.

Teddy winkt dir zu!

Alter: ab 2,5 Jahren
Material: pro Kind 1 Teddy oder 1 Puppe, 1 Handtrommel

Alle Kinder holen sich einen Teddy oder eine Puppe und verteilen sich auf einem überschaubaren Spielfeld.
Zum Rhythmus des langsamen Trommelspiels von der Spielleitung gehen alle Kinder mit ihren Teddys und Puppen kreuz und quer über das Spielfeld. Stoppt die Trommel, bleiben sie stehen und winken sich gegenseitig mit ihren Teddys und Puppen zu, indem sie eines der beiden Ärmchen auf und ab bewegen.
Nach ein paar Durchgängen begrüßt die Spielleitung alle Kinder.

Variante ab 1,5 Jahren

Zum Rhythmus des langsamen Trommelspiels gehen alle Kinder mit ihren Puppen und Teddys im Uhrzeigersinn im Kreis herum. Stoppt jedoch das Trommelspiel, bleiben alle Puppen- und Teddyeltern stehen, um sich gegenseitig *„Hallo!“* zu sagen.

Morgentanz der Puppeneltern

Nr. 2 „Morgendämmerung“

Alle Puppen und Teddys schlafen noch. Für die Puppen- und Teddyeltern wird es höchste Zeit, ihre Sprösslinge sanft zu wecken und mithilfe eines ruhigen Tanzes zu begrüßen.

Alter: ab 2 Jahren
Material: pro Kind 1 Puppe oder 1 Teddy, Entspannungsmusik, CD-Player

Die Spielleitung verteilt die Puppen und Teddys für den Spielkreis auf dem Boden und schaltet die Entspannungsmusik ein.
Die Kinder bilden einen Kreis um ihre Puppen und Teddys. Passend zur Musik tanzen sie eins nach dem anderen zu ihren Puppen oder Teddys, um sie zu wecken. Dabei können sie ihnen z. B. über das Köpfchen streicheln oder sie sanft hin und her wiegen. Ist die Puppe oder der Teddy wach, reihen sie sich wieder in den Spielkreis ein. Stehen alle wieder im Kreis beisammen, fasst jedes Kind jeweils ein Ärmchen einer Puppe oder eines Teddys mit seiner Hand. Es entsteht ein großer geschlossener Spielkreis mit den Puppen und Teddys. Zur Melodie gehen sie so gemeinsam im Uhrzeigersinn herum.
Das geht so lange, bis das Musikstück beendet ist. Die Gruppe bleibt stehen und wird von der Spielleitung herzlich begrüßt.

Variante ab 1,5 Jahren

Auf einem überschaubaren Spielfeld tanzen die Erwachsenen gemeinsam mit einem Kind und seiner Puppe zur Musik. Die „Drei“ halten sich an den Händen fest und bewegen sich fließend zur Melodie langsam ein paarmal links und dann rechts herum.

Ist das Musikstück beendet, bleiben alle Paare stehen. Sie winken sich gegenseitig zu und sagen leise *„Gute Morgen!"*

So klingt der Morgengruß

Alter: ab 3 Monaten
Material: 1 Triangel; evtl. 1 Klangschale und 1 Gong

Die Gruppe steht im Kreis. Die Erwachsenen tragen die Allerkleinsten auf ihren Armen (→ S. 10 „Ein-Bein-Tragegriff").

Die Spielleitung holt sich die Triangel und stellt sich zu den anderen in den Kreis. Sie schaut sich um und geht auf irgendein Kind zu. Sie bleibt direkt vor dem Kind stehen und lässt die Triangel erklingen. Ist der Klang verklungen, begrüßt sie leise das ausgewählte Kind. Beide tauschen ihre Plätze. Handelt es sich bei dem begrüßten Kind um ein Baby, begrüßt der Erwachsene, der das Baby trägt, die Spielleitung und setzt dann das Spiel mit der Triangel auf die gleiche Weise fort. Wurden alle Kinder einzeln begrüßt, wünscht sie auch den Erwachsenen einen „schönen guten Morgen" und lässt die Triangel ein letztes Mal erklingen.

Variante ab 1,5 Jahren

Die Spielleitung legt die Triangel, die Klangschale und den Gong in die Kreismitte und sagt:

„Guten Morgen liebe Leute.
Wie klingt wohl der Morgen heute?"

Die Spielleitung wählt ein beliebiges Kind aus, das in die Kreismitte tritt und eines von den drei Instrumenten erklingen lässt. Wie wird wohl der nächste Morgen klingen? Damit die Frage beantwortet werden kann, wiederholt die Gruppe am anderen Morgen das Spiel.

Ruhige Wahrnehmungsspiele für alle Sinne

Die Sinne liefern wichtige Informationen über die Umwelt. Bereits im Mutterleib werden z. B. Geräusche wahrgenommen und erste Raum-Lage-Erfahrungen gemacht. Dadurch, dass die Kinder in den ersten Lebenswochen noch nicht aktiv mit anderen Kindern spielen, brauchen sie die liebevolle Zuwendung und Unterstützung seitens ihrer Bezugspersonen, die ihnen Anregungen geben und etwas mit ihnen machen, indem sie von ihnen z. B. auf dem Arm

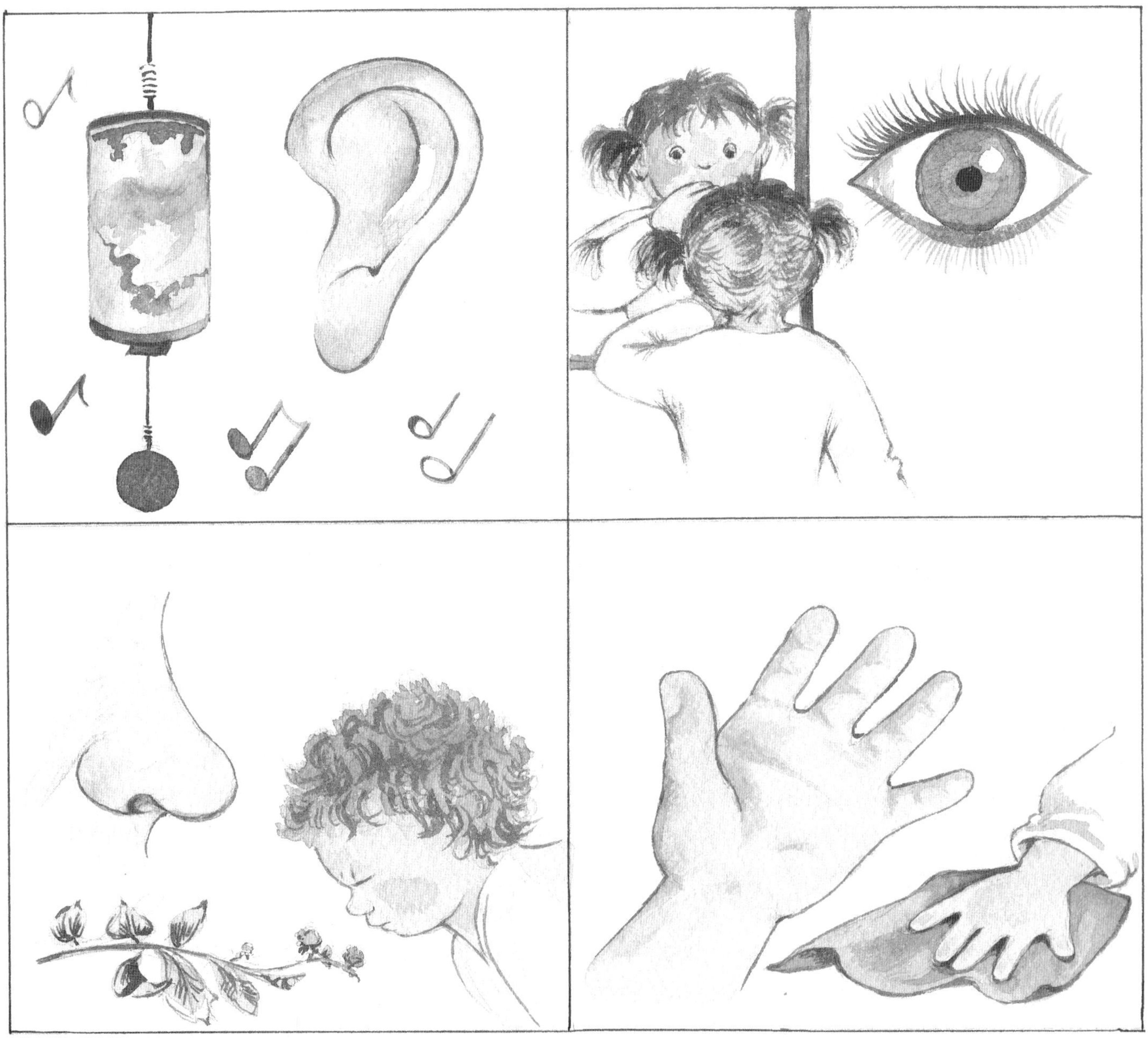

gehalten und sanft geschaukelt werden. Erst ab dem 2. Lebensjahr können Kinder kleine Wahrnehmungsspiele als solche spielen. Je älter sie dann werden, umso länger können sie sich ganz bewusst auf ein bis zwei Sinne einlassen.
Im folgenden Kapitel werden zahlreiche Wahrnehmungsspiele und andere Angebote für den Wickeltisch, die Decke und den Spielkreis sowie am Tisch vorgestellt, bei denen nicht zu viele Reize auf einmal angeboten werden. Vielmehr sollen ein bis zwei Sinnesorgane ganz bewusst angesprochen und gefördert werden. Bei älteren Kindern können z. B. die Augen verbunden werden. Dabei werden die übrigen Sinne sensibler. Auf diese Weise lernen die Kinder, sich bewusst auf eine Sache einzulassen. Spielerisch können sie so auch in aller Ruhe ein gutes Körperschema aufbauen, ihre Wahrnehmung fördern und Erfahrungen über ihre Umwelt sammeln, die ihnen als Wissen nachhaltig zur Verfügung stehen und auf das dann weiteres Lernen aufbaut.

Entdecke den Raum!

Die Kinder gehen nun im wahrsten Sinne des Wortes auf Entdeckungsreise und lernen dabei so ganz nebenbei ihren Gruppenraum kennen. Beim genauen Betrachten der Gegenstände im Raum sowie beim intensiven Fühlen und Spüren vertiefen sich die Kinder und finden so zu innerer Ruhe und Geborgenheit.

Alter: ab 2,5 Jahren
Material: evtl. 1 Filzschlägel o. Ä.

Wie fühlt sich die Wand an? Hörst du die Uhr im Raum ticken? Und wie riecht eigentlich die Topfpflanze?
Die Spielleitung führt die Kinder durch den Raum. Dabei bleibt sie immer wieder mit der Gruppe stehen, um bestimmte Dinge genauer unter die Lupe zu nehmen. Je nachdem, um was es sich handelt, kann die Spielleitung die Aufmerksamkeit der Kinder auf ein bis zwei Sinne im besonderen Maße richten.

Variante (Klangwanderung)

Die Kinder erhalten jeweils einen Filzschlägel und bilden eine Schlange.
Die Spielleitung führt die Gruppe an und bleibt dabei immer wieder gemeinsam mit den Kindern stehen. Je nachdem, wo sich die Kinder gerade befinden, kann sie oder ein Kind mithilfe des Schlägels z. B. auf die Tischplatte, auf die Stuhllehne, gegen die Tür oder auf die Fensterbank klopfen. Dabei werden alle feststellen, dass die Sachen recht unterschiedlich klingen können.

Himmlischer Tüchertanz

Nr. 3: „Sinnenwelten“

Im Folgenden üben die Kinder genau hinzuschauen und die Tanzbewegungen, die die Spielleitung vorgibt, mit ihren Tüchern nachzumachen. Die sanfte Melodie sorgt dafür, dass das Ganze nicht zu schnell geschieht, sie tut gut und versetzt die Kinder so in einen entspannten Zustand.

Alter: ab 2,5 Jahren
Material: pro Kind 1 Chiffontuch, Entspannungsmusik, CD-Player

Alle Kinder sitzen im Stuhlkreis beisammen. Die Spielleitung teilt die Tücher aus und schaltet die Entspannungsmusik ein.
Zur Melodie der Musik bewegen alle Kinder ihre Tücher vom Platz aus sanft hin und her. Die Spielleitung hält ebenfalls ein Tuch in der Hand und tanzt fließend zur Melodie im Innenkreis

links herum. Irgendwann bleibt sie direkt vor einem Kind stehen und schwingt ihr Tuch z. B. harmonisch zur Musik auf und ab oder direkt vor sich im Kreis herum. Das Kind steht auf und macht sofort alles nach. Tanzt die Spielleitung nach einer kleinen Weile weiter zum nächsten Kind, dann setzt es sich wieder auf seinen Stuhl. Beim nächsten Kind angekommen, lässt sich die Spielleitung eine neue Bewegung einfallen, die das Kind ebenfalls nachahmt. So tanzt sie von Kind zu Kind, bis alle Kinder einmal angetanzt wurden und die Musik beendet ist.

Variante ab 1,5 Jahren

Die Spielleitung steht mit den Kindern im Kreis. Alle halten ihre Tücher in den Händen.
Passend zur Melodie tanzt die Spielleitung mit ihrem Tuch am Platz, indem sie z. B. das Tuch auf- und abschwingt oder beim Drehen um die eigene Achse die Tuchspitze auf dem Boden schleifen lässt. Die Kinder machen alles sofort nach.
Das geht so lange, bis die Musik beendet ist.

Kennst du den Körperteil?

Bei dem folgenden Spiel dreht sich alles um den Körper. Es wird sowohl die taktile Wahrnehmung gefördert als auch ein gutes Körperschema aufgebaut. Insgesamt hervorragend geeignet für einen entspannten Umgang mit dem eigenen Körper!

Alter: ab 2,5 Jahren
Material: 1 Lammfell o. Ä., 1 Decke, pro Kind 1 Kissen

Alle Kinder bilden einen Sitzkreis, in dessen Mitte die Spielleitung ein Lammfell platziert. Sie wählt ein beliebiges Kind aus, das sich mit dem Rücken auf das Lammfell legt. Das Kind deckt sich bis zum Hals mit einer Decke zu.
Ein anderes Kind krabbelt auf das liegende Kind in der Kreismitte zu. Es fasst mit einer Hand unter die Decke und berührt einen Körperteil, wie z. B. einen Arm. Weiß das Kind, wie der betreffende Körperteil heißt? Zur Kontrolle entfernt die Spielleitung die Decke und bittet dabei das Kind, seine Hand ruhig liegen zu lassen. Hat es die falsche Antwort gegeben, darf die Gruppe behilflich sein.
Das Kind tauscht mit dem Kind auf dem Lammfell den Platz. Die Spielleitung deckt das neue Kind ebenfalls bis zum Hals zu und es startet eine neue Spielrunde.

Variante ab 2 Jahren

Das Spiel verläuft so, wie oben beschrieben. Jedoch deckt sich das Kind, das mit dem Rücken auf dem Lammfell in der Kreismitte liegt, nicht zu. Auf diese Weise kann es nicht nur fühlen, sondern auch sehen, welchen Körperteil es gerade anfasst.

Vor dem Spiegel

Das unten aufgeführte Spiel eignet sich besonders gut für den Waschraum, in dem sich mehrere Spiegel in Augenhöhe der Kinder befinden. Hier können die Kinder sich ausgiebig betrachten und entspannt und in aller Ruhe sich selbst wahrnehmen.

Alter: ab 1,5 Jahren
Material: Wandspiegel; evtl. pro Kind 1 Augenbinde

Alle Kinder und die Spielleitung stellen sich direkt vor die Spiegel. Die Spielleitung fasst z. B. ihre Nase an und sagt: *„Das ist meine Nase!“* Ob die Kinder wohl wissen, wo sich ihre eigene Nase im Gesicht befindet? Die Spielleitung fordert sie auf, nach ihrer eigenen Nase zu fassen. Die Kinder greifen nach ihrer Nase und sagen – falls sie schon sprechen können –: *„Nase!“*. Als Nächstes kann z. B. der Mund an die Reihe kommen.
Auf diese Weise lernen die Kinder noch ein paar andere Körperteile, wie z. B. die Augen, die Ohren und den Hals, kennen, nehmen sie bewusst wahr und benennen sie.

Variante ab 2,5 Jahren

Die Kinder stehen vor den Spiegeln und schließen ihre Augen. Die Spielleitung möchte nun wissen, wo sich z. B. der Mund befindet. Die Kinder berühren mit ihrem Zeigefinger blind die Stelle ihres Körpers, wo sie ihren Mund vermuten. Zur Kontrolle öffnen sie ihre Augen.

Wer schläft denn da?

Alter: ab 2,5 Jahren

Alle Kinder mit Ausnahme von einem sitzen im Stuhlkreis. Es steht in der Kreismitte und hält sich die Augen mit beiden Händen zu. Die Spielleitung deutet heimlich auf ein weiteres Kind im Stuhlkreis, das so tut, als ob es schlafen würde. Es schließt die Augen und legt den Kopf in den Schoß. Das Kind in der Kreismitte nimmt seine Hände vom Gesicht, schaut sich rasch in der Runde um und sucht das schlafende Kind, das es wecken muss. Es geht auf das betreffende Kind zu, bleibt vor ihm stehen und ahmt das Weckgeräusch eines Weckers nach. Das schlafende Kind öffnet seine Augen, ballt seine Hände zu Fäusten, reckt und streckt sich ausgiebig und tauscht schließlich mit dem anderen Kind den Platz.
Eine neue Spielrunde mit einem anderen schlafenden Kind beginnt.

Variante

Im Gegensatz zum oben aufgeführten Spiel „schlafen" jetzt bis auf eines alle Kinder im Stuhlkreis. Das Kind in der Kreismitte macht sich auf die Suche nach dem einen Kind, das noch wach ist. Hat es das betreffende Kind gefunden, streichelt es ihm sanft über den Kopf und bringt es so zum „Schlafen". Nach einer kurzen Pause ahmt die Spielleitung das Weckgeräusch eines Weckers nach. Alle Kinder im Stuhlkreis dürfen nun „aufwachen", ihre Hände zu Fäusten ballen und sich schließlich ausgiebig recken und strecken.
Eine neue Spielrunde beginnt mit zwei neuen Protagonisten.

Wem gehört der Schlafplatz?

Voraussetzung für das Spiel ist, dass die Kinder ein paar Tiere kennen und sie unterscheiden und benennen können. Es bietet sich daher vorab an, mit den Kindern über verschiedene Tierarten zu sprechen.

Alter: ab 2,5 Jahren
Material: 1 Decke o. Ä., 1 Gong

Alle Kinder mit Ausnahme von einem sitzen im Stuhlkreis. Die Spielleitung breitet in der Kreismitte eine Decke aus, auf der ein beliebiges Kind sitzt. Es denkt sich ein Tier aus, wie z. B. Hund, Katze oder gar Bär. Die Kinder schlüpfen in die Rolle des benannten Tieres und tun dabei so, als ob sie müde sind. Das Kind in der Kreismitte wählt das Kind aus, das das müde Tier am besten dargestellt hat. Es tauscht mit ihm den Platz und darf sich jetzt in der Kreismitte ausruhen. Handelt es sich z. B. um einen „müden Hund" kann es auf allen Vieren ganz „erschöpft" in Richtung Kreismitte krabbeln, sich mit dem Bauch oder Rücken auf der Decke einrollen und die Augen schließen. Sobald jedoch die Spielleitung den Gong erklingen lässt, öffnet es seine Augen, ballt seine Hände zu Fäusten, reckt und streckt sich ausgiebig. Es setzt sich auf und überlegt sich ein neues Tier, das müde ist und sich gleich auf der Decke ausruhen darf. Eine neue Spielrunde beginnt.

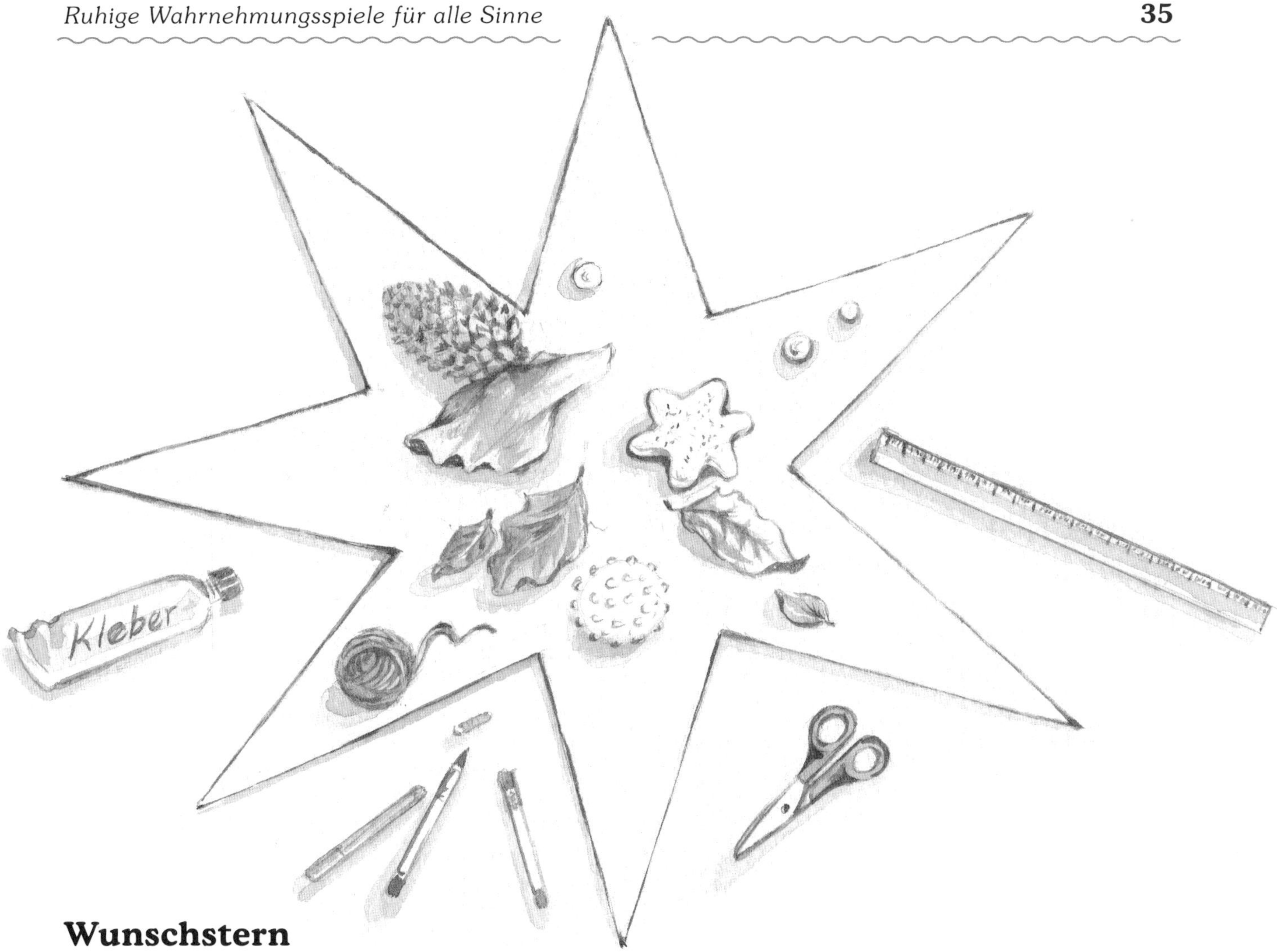

Wunschstern

Nr. 3 „Sinnenwelten“

Alter: ab 1,5 Jahren
Material: 1 gelber Tonkartonbogen A3, Bleistift, Lineal, Schere, pro Kind 1 Kissen und 2–3 Materialien, die die Sinne anregen, wie z. B. Chiffontücher, Sterne aus Plüsch, Igel- und Noppenbälle, Entspannungsmusik, CD-Player

Die Spielleitung zeichnet einen möglichst großen Stern mit sechs oder sieben Zacken auf einen gelben Tonkartonbogen auf, den sie ausschneidet. Sie legt den Stern in die Kreismitte und stellt für jedes Kind zwei bis drei Sachen auf den Stern. Die Kinder gehen der Reihe nach zu dem Stern, suchen sich ganz nach Belieben etwas Schönes aus und kehren leise auf ihren Sitzplatz zurück. Alle übrigen Sachen werden von der Spielleitung vom Stern entfernt.

Zur leisen Entspannungsmusik halten die Kinder ihre Favoriten in den Händen, nehmen sie in Augenschein und tasten diese ab.
Die ruhige Instrumentalmusik bewirkt, dass die Kinder sich ganz intensiv und in aller Ruhe mit ihren Sachen beschäftigen.
Ist das Musikstück beendet, gehen die Kinder der Reihe nach in Richtung Kreismitte, um ihre Sachen wieder auf den Stern zu legen. Sie geben sich gegenseitig die Hände, um schließlich gemeinsam im Uhrzeigersinn einmal um den Stern herumzugehen. Dabei bewundern sie die Sachen, die vor ihnen auf dem Stern liegen.

Sternentunnel

Nr. 3 „Sinnenwelten“

Ein Sinnestunnel bietet wunderbare taktile und visuelle Erfahrungen, da die Kinder im Tunnel nicht von anderen Dingen abgelenkt werden, sondern sie sich auf das, was sich im Tunnel befindet, bewusst einlassen. Wird zu all dem Entspannungsmusik eingesetzt, erhalten die Kinder ein wunderbares Hörerlebnis, das zur inneren Ruhe beiträgt.

Alter: ab 1,5 Jahren
Material: mehrere weiße oder hellblaue Leintücher, gelbe Stoffmalfarbe, pro Stuhl 1 Unterlage, wie z. B. 1 Lammfell, 1 Frottee-Handtuch, 1 kleine Wolldecke oder 1 Fußmatte, Entspannungsmusik, CD-Player

Die Spielleitung malt auf die Leintücher und – falls möglich – auch auf die Unterlagen jede Menge gelbe Sterne. Sie stellt sechs bis acht Stühle der Reihe nach auf und legt unter jeden Stuhl eine Unterlage. Über die Stühle breitet sie die Leintücher mit den aufgemalten Sternen aus. Es entsteht ein Sternentunnel.

Die Spielleitung schaltet die Entspannungsmusik ein, die leise im Hintergrund erklingt.
Die Kinder krabbeln nun einzeln durch den Sternentunnel. Sie krabbeln über das Lammfell, das Frottee-Handtuch, die Wolldecken und viele weitere Unterlagen. Die Entspannungsmusik, die sehr beruhigend wirkt, trägt dazu bei, dass die Kinder nicht zu schnell durch den Sternentunnel kriechen und somit alles gut wahrnehmen und genießen können.

Hörst du das Shanti-Klangspiel?

Alter: ab 1 Jahr
Material: 1 Shanti-Klangspiel, pro Kind 1 Kissen

Die Kinder sitzen zusammen mit der Spielleitung im Kreis. In ihrer Hand befindet sich ein Shanti-Klangspiel. Die Kinder lauschen ihren Worten:

„Wir sind leise hier im Haus.
So leise wie eine Maus.
Nun hört alle recht gut zu
und genießt es nun in Ruh.“

Die Spielleitung lässt das Shanti-Klangspiel erklingen. Das harmonische Spiel der klaren Töne bewirkt, dass sich alle gut entspannen.

Variante ab 2,5 Jahren

Die Kinder stehen im Kreis beisammen. Das Spiel verläuft zunächst wie oben beschrieben. Erklingt jedoch das Shanti-Klangspiel, gehen alle Kinder Hand in Hand langsam im Uhrzeigersinn herum. Ist kein Klang mehr zu hören, bleiben sie stehen.

Turnschnecke

Mithilfe der Turnschnecke wird nun gezeigt, wie die Kinder durch Bewegung zur Ruhe und Besinnung kommen, sich bald wieder frisch und erholt fühlen können.

Alter: ab 2,5 Jahren
Material: 1 Schnecke z. B. aus Plüsch oder 1 Postkarte mit Schneckenmotiv, 1 Triangel

Die Kinder stehen im Kreis beisammen. Eines von ihnen erhält z. B. eine Schnecke aus Plüsch oder eine Postkarte, auf der eine Schnecke abgebildet ist. Die Spielleitung befindet sich in der Kreismitte und hält eine Triangel in der Hand.
Die Kinder reichen leise die „Schnecke“ von Hand zu Hand im Kreis herum. Das geht so lange, bis die Spielleitung die Triangel erklingen lässt. Dasjenige Kind, das zu diesem Zeitpunkt die „Schnecke“ in den Händen hält, ist nun die Turnschnecke. Passend dazu macht es vom Platz aus Bewegungen im Zeitlupentempo vor. Es kann sich z. B. ganz langsam auf ein Bein stellen, ein Bein so weit wie möglich nach hinten ausstrecken oder auf Zehenspitzen gehen und sich dabei einmal um die eigene Achse drehen. Die Kinder machen alles so lange nach, bis erneut die Triangel zu hören ist.
Eine neue Spielrunde beginnt, bei der die „Schnecke“ erst einmal wieder im Uhrzeigersinn herumwandert.

Variante ab 1,5 Jahren

Die Spielleitung stellt die Schnecke direkt vor einem Kind auf den Boden. Die Gruppe geht im geschlossenen Kreis so lange im Uhrzeigersinn herum, bis die Spielleitung die Triangel erklingen lässt. Dasjenige Kind, das gerade vor der Schnecke steht, macht leise eine Bewegung vor, wie z. B. Winken, Armekreisen oder Auf-der-Stelle-Hüpfen. Die anderen Kinder ahmen alles so lange nach, bis erneut die Triangel zu hören ist.
Die Kinder bilden wieder einen geschlossenen Kreis und starten eine neue Spielrunde.

Wo ist das Fingerpüppchen?

Bei dem folgenden Spiel wird das Richtungshören geübt und in dem Zuge die Aufmerksamkeit des Kindes gesteigert.

Alter: ab 3 Monaten
Material: 1 Klangschale o. Ä., 1 Fingerpüppchen

Das Kind liegt mit dem Rücken auf dem Wickeltisch.
Die Spielleitung stellt die Klangschale links neben dem Kind auf den Wickeltisch und schlägt sie sanft an. Da Kinder neugierig sind, wird es sich in Richtung der Klangquelle drehen, um die Klangquelle zu betrachten. Erstaunt sieht es hinter der Klangschale ein kleines Fingerpüppchen hervorlugen, das die Spielleitung über ihren Finger gestülpt hat. Die Spielleitung sagt leise „Kuckuck!“ und lässt das Fingerpüppchen wieder hinter der Klangschale verschwinden. Das wiederholt sie zur Freude des Kindes ein paarmal. Danach platziert sie die Klangschale auf die rechte Seite des Wickeltisches und wiederholt noch einmal das Spiel.

Landschaftsbetrachtung

Für dieses Spiel wählt die Spielleitung ein schönes Landschaftsbild aus, das die Kinder zum Staunen und Träumen bringt.

Alter: ab 2,5 Jahren
Material: 1 Kalenderblatt, auf dem eine schöne Landschaft abgebildet ist; evtl. mehrere Kalenderblätter

Maximal drei Kinder sitzen an einem Tisch. Auf den Tisch legt die Spielleitung z. B. ein schönes Strandbild. Gemeinsam mit den Kindern schaut sie sich das Strandbild an und fragt z. B.: *„Wo ist eine Palme?“* Die Kinder suchen nach einer Palme und zeigen auf die vermutete Abbildung. Falls die Kinder keine Palme finden sollten, beschreibt sie die Palme so lange, bis eines von ihnen eine Palme entdeckt. Danach möchte die Spielleitung z. B. wissen, wo das Meer zu sehen ist.
Haben die Kinder die wichtigsten Details auf dem Bild kennengelernt, ist das Spiel aus.

Variante

Die Spielleitung legt zwei Landschaftsbilder direkt nebeneinander auf den Tisch. Eines der Landschaftsbilder beschreibt sie genau. Wissen die Kinder, welches von beiden gemeint ist? Jedes Kind gibt einen Tipp ab, bevor die Spielleitung das Rätsel löst.

Klangkiste

Im nachfolgenden Spiel werden die Kinder durch die verschiedenen Klänge der Instrumente zum Meditieren eingeladen. Indem sie den Klängen nachlauschen, gelangen sie zu einer tiefen Entspannung.

Alter: ab 1,5 Jahren
Material: 1 Kiste mit vielen unterschiedlichen Instrumenten, wie z. B. Fingerzymbeln, Ocean-Drum, Gong und Triangel, pro Kind 1 Kissen

Die Spielleitung legt in eine Kiste ein paar Instrumente, die besonders schön klingen.
Die Kinder sitzen im Kreis um die Kiste. Ein beliebiges Kind geht entweder alleine oder Hand in Hand mit der Spielleitung zur Kiste mit den Instrumenten. Das Kind wählt ein beliebiges Instrument aus und bringt es entweder alleine oder mithilfe der Spielleitung zum Klingen. Wer von den Kindern schafft es, so lange ruhig zu sein, bis der Klang verklungen ist? Ist der Klang verklungen, holt das Kind das Instrument hervor und legt es direkt neben die Kiste. Jetzt darf das nächste Kind ein anderes Instrument testen.

Liegen alle Instrumente direkt neben der Kiste, fängt das Spiel von vorne an. Nur werden die Instrumente jetzt nach Abklingen des Klangs in die Kiste zurückgelegt, statt alle Instrumente daneben zu platzieren. Beim erneuten Spielen der Instrumente erhalten die Kinder weitere schöne Klangerlebnisse.

Variante ab 2,5 Jahren

Die Spielleitung legt unter den Stuhl eines Kindes ein Instrument. Dasjenige Kind, das auf dem Stuhl sitzt, greift unter seinen „Klangstuhl" und lässt es entweder alleine oder mithilfe der Spielleitung erklingen. Die Gruppe lauscht so lange, bis der Klang verklungen ist. Danach nimmt sie das Instrument wieder an sich, tauscht es gegen ein anderes, das sie nun unter einen anderen „Klangstuhl" legt.
Eine neue Spielrunde beginnt.
Das Spiel ist aus, sobald alle Kinder einmal ein Instrument gespielt haben.

Füße verwöhnen & Schuhe-Raten

Alter: ab 2 Jahren
Material: pro Kind 1 Kissen, Federn; evtl. 1 Lammfell

Alle Kinder sitzen im Kreis, ziehen ihren linken Schuh und Strumpf aus und legen den Schuh, in den sie ihren Strumpf stecken, in die Kreismitte. Alle Kinder fassen ihre eigenen linken Füße an. Reihum streichelt die Spielleitung die linken Füße der Kinder mit einer Feder und teilt dabei für jedes Kind eine Feder aus.
Haben alle Kinder eine Feder erhalten und damit ihre eigenen Füße verwöhnt, fischt die Spielleitung einen beliebigen Schuh heraus, hält ihn in die Luft und fragt, welchem Kind der Schuh gehört. Die Kinder schauen auf alle Füße in der Runde und raten, wessen Schuh in die Luft gehalten wird. Dabei darf sich auch dasjenige Kind melden, dem der Schuh tatsächlich gehört. Haben die Kinder richtig geraten, darf der Besitzer oder die Besitzerin des Schuhs diesen wieder anziehen.
Auf diese Weise wird das Spiel so lange weitergeführt, bis alle Kinder wieder im Besitz ihres Paars Schuhe sind.

Die Kinder ziehen ihren linken Strumpf und linken Schuh an und wiederholen das Spiel mit dem rechten Fuß.

Variante ab 2,5 Jahren

Die Spielleitung platziert in der Kreismitte ein Lammfell. Alle Kinder ziehen einen Schuh und einen Strumpf aus. Ein beliebiges Kind legt sich mit dem Rücken auf das Lammfell. Die Spielleitung bittet ein anderes Kind, ihm mit einer Feder sanft über die nackten Füße zu streicheln und dann einen Schuh anzuziehen. Das kann sein eigener Schuh oder der von einem anderen Kind sein. Weiß das Kind, ob es sich um seinen Schuh handelt? Zur Kontrolle setzt sich das Kind hin und schaut nach. Unabhängig davon, zieht es den Schuh wieder aus und tauscht den Platz mit einem anderen Kind und das Spiel kann weitergehen.

Super Schnuppernase

Das folgende Spiel eignet sich z. B. sehr gut für den Mittagstisch, wenn es zum Nachtisch ein Stück Obst gibt. Die Kinder lernen, in aller Ruhe ihre Speisen zu genießen und sich dabei auch zu entspannen.

Alter: ab 1,5 Jahren
Material: Obstsorten der Saison, wie z. B. Äpfel, Birnen und Trauben, Schneidebrett, Messer, 3 Teller, Zahnstocher

Die Spielleitung schneidet alles Obst außer den Trauben in kleine Stückchen und legt jede Obstsorte auf einen eigenen Teller.
Maximal drei Kinder halten sich die Augen zu bzw. schließen sie einfach. Die Spielleitung spießt auf jeden Zahnstocher eines der Obststückchen und hält sie den Kindern eins nach dem anderen unter die Nase. Jedes Kind riecht ausgiebig an jedem Obststück und wählt seinen Favoriten aus.
Sind alle Kinder an der Reihe gewesen, dürfen sie die Obststückchen langsam verspeisen, indem sie es im Mund gut zerkauen und so den Geschmack intensiv wahrnehmen und genießen.

Variante ab 2,5 Jahren

Jedes Kind riecht an den verschiedenen Obstsorten und wählt seinen Favoriten aus.
Die Kinder sollen nun mit geschlossenen Augen ihr Lieblingsobst am Geruch erkennen.
Die Spielleitung hält den Kindern hierfür die einzelnen aufgespießten Obstsorten unter ihre Schnuppernasen.
Unabhängig davon, ob sie ihr Lieblingsobst erkannt haben oder nicht, dürfen sie es in aller Ruhe genießen. Guten Appetit!

Wo ist das Tuch?

Bei dem folgenden Spiel werden die Kinder liebevoll mit einem Tuch gestreichelt. Gleichzeitig wird durch das Tuch die Augen-Hand-Koordination gefördert.

Alter: ab 3 Monaten
Material: pro Kind 1 Lammfell o. Ä. und 1 Chiffontuch

Das Kind liegt mit dem Rücken, z. B. auf einem Lammfell oder auf einer anderen weichen Unterlage, auf dem Boden oder auch auf dem Wickeltisch. Die Spielleitung holt ein Chiffontuch, das sie langsam über den Körper des Kindes gleiten lässt und zwar so, dass das Tuch den Körper streichelt und es danach greifen kann. Das Kind lässt sich durch die sanften Berührungen verwöhnen. Vielleicht strampelt es auch voller Freude mit den Beinchen und berührt das Tuch so mit seinen Füßen.

Variante

Die Spielleitung hält das Tuch gut versteckt in ihren beiden Händen. Sie öffnet etwas die Hände, sodass das Tuch erscheint und mit einem Zipfel in Richtung des Kindes ragt. Dabei sollte das Kind nach dem Tuch greifen können. Sie sagt laut: *„Kuckuck, das Tuch ist da!"* Danach versteckt sie das Tuch wieder in ihren Händen und sagt laut: *„Schwups, das Tuch ist fort!"* Den Vorgang wiederholt sie mehrmals. Das Kind verfolgt alles aufmerksam und freut sich jedes Mal, wenn es das Tuch wieder erblicken, fühlen und danach greifen kann.

Hundekorbtausch

In der Rolle des Hundes schärfen die Kinder im folgenden Spiel ihren Geruchssinn, der neben dem Geschmacksinn beim Menschen eher schwach ausgeprägt ist.

Alter: ab 2 Jahren
Material: evtl. 1 Handtrommel, pro Kind 1 Kissen

Alle Kinder spielen Hunde und sitzen in ihren Körbchen bzw. auf ihren Kissen im Kreis. Die Spielleitung ruft zwei Hunde auf, die ihr Körbchen miteinander tauschen. Die beiden Kinder krabbeln auf allen Vieren in die Kreismitte. Begegnen sich die Zwei, beschnuppern sie sich gegenseitig von Kopf bis Fuß. Dabei dürfen sie sich auch gegenseitig mit ihren Nasenspitzen ganz behutsam anstupsen.
Sitzen beide wieder in einem Körbchen, fängt eine neue Spielrunde mit zwei weiteren Kindern an.

Variante

Zum Rhythmus des langsamen Trommelspiels krabbeln die Kinder auf allen Vieren auf einem überschaubaren Spielfeld herum und spielen Hunde. Stoppt das Trommeln, dürfen sie sich gegenseitig beschnuppern.
Sobald jedoch das Trommelspiel wieder einsetzt, fängt das Spiel von vorne an.

Stoffe zuordnen

Alter: ab 2,5 Jahren
Material: 12 verschiedene Stoffreste, wie z. B. verschieden farbige und gemusterte Baumwoll-, Cord-, Seiden-, Tüll- und Wollstoffreste, 12 Bierdeckel, Bleistift, Lineal, Schere

Die Spielleitung schneidet jeden Stoff in zwei Teile. Einen Teil schneidet sie so zu, dass dieser unter einen Bierdeckel passt. Der andere Teil sollte ca. 12 cm × 12 cm groß sein.

Sie verteilt die zugeschnittenen Stoffreste auf dem Tisch und platziert auf jedem Stoffrest einen Bierdeckel. Alle übrigen 12 cm × 12 cm großen Stoffreste legt sie griffbereit auf einen Stapel.
Die Kinder betrachten den Stoff, der ganz oben auf dem Stapel liegt, und drehen der Reihe nach die Bierdeckel so lange um, bis sie den gleichen Stoff finden. Dasjenige Kind, das als Erster mit der flachen Hand auf den gesuchten Stoff patscht, darf den Stoff vom Stapel nehmen und die Stoffreste, die offen auf dem Tisch liegen, wieder mit den Bierdeckeln verdecken.
In der nächsten Spielrunde machen die Kinder sich auf die Suche nach dem nächsten Stoff, der nun ganz oben auf dem Stapel liegt.
Das Spiel ist aus, sobald alle Stoffreste vom Stapel verteilt wurden.
Dasjenige Kind, das die meisten Stoffreste ergattern konnte, hat das Spiel gewonnen.

Schmusekatze

Alter: ab 3 Monaten

Das Kind liegt mit dem Rücken auf dem Wickeltisch. Die Spielleitung steht vor dem Wickeltisch und sagt und macht:

„Ich bin eine Katze. Das ist meine Tatze.	Dem Kind mit einer Hand zuwinken.
Ich gehe gerne fort, bin mal hier und dann dort.	Mit dem Zeige- und Mittelfinger erst auf dem einen und dann dem anderen Bein spazieren gehen.
Ich ruhe mich gerne aus und gehe wieder hinaus.	Mit der flachen Hand kreisförmig links herum über den Bauch streichen.
Ich gehe wieder fort, bin mal hier und dann dort.	Mit dem Zeige- und Mittelfinger erst auf dem einen und dann auf dem anderen Arm spazieren gehen.
Kommt sie zu dir irgendwann, fängt sie gleich zu schmusen an.“	Mit der Hand über die Wangen und dann behutsam über den Kopf des Kindes streicheln.

Hinlegen und wohlfühlen

Alter: ab 2,5 Jahren
Material: 5 unterschiedliche Unterlagen zum Hinlegen (z. B. 1 Wolldecke, 1 Lammfell, 1 Frotteetuch, 1 Leintuch, 1 Isomatte), 1 Klangschale

Die Spielleitung legt die unterschiedlichen Unterlagen kreisförmig auf den Boden und zwar so, dass zwischen den Unterlagen etwas Abstand bleibt. Die Kinder ziehen sich nach Möglichkeit eine kurze Hose und ein T-Shirt an oder bis zur Unterwäsche einfach aus.
Sie suchen sich eine freie Unterlage aus und legen sich mit dem Rücken darauf. Dabei sind die Arme etwas angewinkelt. Die Handflächen zeigen nach unten oder oben. Die Beine sind leicht gespreizt.
Während die Kinder ganz entspannt auf dem Rücken liegen, nehmen sie das, was sich unter ihrem Körper befindet, ganz bewusst wahr.
Nach einer Weile schlägt die Spielleitung die Klangschale an. Die Kinder rollen im Uhrzeigersinn seitlich mit ihrem Körper bis zur nächsten Unterlage, um dort das Wahrnehmungsspiel zu wiederholen.
Auf diese Weise geht es immer weiter, bis alle Kinder wieder auf ihrer ersten Unterlage liegen.
Am Ende ballen alle Kinder die Hände zu Fäusten, recken und strecken sich und stehen langsam über die Seitenlage auf. Die Spielleitung

fragt jedes Kind, ob es eine Unterlage gibt, die es besonders bequem findet. Die Antwort kann von Kind zu Kind sehr unterschiedlich ausfallen. Die Spielleitung sollte jedoch den Kindern bewusst machen, dass eine bequeme Unterlage zum Hinlegen, Entspannen und Träumen geradezu ideal ist.

Was liegt unter der Decke?

Mithilfe des folgenden Spiels wird nicht nur die taktile, sondern auch die vestibuläre und kinästhetische Wahrnehmung gefördert.

Alter: ab 1,5 Jahren
Material: unterschiedliche Materialien, wie z. B. Wärmflaschen, Kissen und Schuhkartondeckel, 1 Decke o. Ä., pro Kind 1 Kissen

Die Spielleitung füllt die Wärmflaschen mit etwas lauwarmem Wasser und breitet über sie und die anderen Sachen, wie z. B. einem Schuhkartondeckel und Kissen, eine große Decke aus.
Die Kinder setzen sich im Kreis auf ihre Kissen um die Decke. Auf ein Startkommando der Spielleitung hin krabbeln sie kreuz und quer auf der Decke herum und erkunden so all das, was sich unter der Decke befindet, indem sie mit den Händen alles abtasten.
Nach einer Weile begeben sich alle wieder auf ihren Ausgangsplatz. Der Reihe nach krabbeln sie unter die Decke, um jeweils einen Gegenstand hervorzuholen. Wissen die älteren Kinder, wie die Gegenstände, die sie in den Händen halten, heißen? Und wie fühlen sich die einzelnen Gegenstände an? Warm oder kalt? Hart oder weich?
Das Spiel wird so lange fortgeführt, bis alle Sachen unter der Decke hervorgeholt wurden.

Stuhlwechsel auf Zeit

Alter: ab 2,5 Jahren
Material: 1 Sanduhr (1 oder 2 Minuten)

Die Kinder sitzen im Stuhlkreis. In die Mitte platziert die Spielleitung eine Sanduhr.
Dreht die Spielleitung die Sanduhr um, tauschen alle Kinder so schnell wie möglich ihre Plätze. Schaffen es die Kinder, sich ganz ruhig wieder auf die Stühle des Stuhlkreises zu setzen, bevor die Sanduhr abgelaufen ist? Falls ja, beobachten die Kinder noch, wie der restliche Sand auf den Boden der Sanduhr rieselt.
Unabhängig davon, ob es klappt oder nicht, probieren sie das Spiel gleich noch einmal aus mit dem Ziel, sich noch schneller in den Stuhlkreis zu setzen.

Variante ab 2 Jahren

Die Spielleitung stellt in der Stuhlkreismitte die Sanduhr auf. Sobald der Sand durchrieselt, geben die Kinder sich gegenseitig die Hände und gehen einmal im Uhrzeigersinn herum.
Werden die Kinder wieder auf ihrem Ausgangsplatz ankommen, bevor die Sanduhr abgelaufen ist? Das ist gar nicht so einfach, da die Kinder sich gegenseitig nicht loslassen dürfen.

Innere Stille für zwischendurch

Babys und Kleinkinder brauchen nicht nur genügend Schlaf, sondern auch ausreichend andere Ruhephasen, um neue Kraft zu tanken und gut durch den Tag zu kommen. Kurze Entspannungsphasen, die Ruheerlebnisse enthalten, sind bestens geeignet, um bereits mit den Allerkleinsten nahezu überall und zu jeder Zeit zur Ruhe zu kommen. Aus diesem Grund sollten kleine Inseln der Ruhe und Entspannung (→ S. 11) im Alltag fest integriert sein und somit auch mal zwischendurch von den Kindern aufgesucht werden können. Außerdem brauchen

Kinder gezielte Angebote, z. B. im Stuhlkreis, die es ihnen ermöglichen, sich relativ schnell und einfach zu beruhigen und zu relaxen.
Im Folgenden werden jede Menge Ruhespiele, kurze Streichelverse und einfache Streichel-, Pinsel-, Klang-, Hand- und Fußmassagen vorgestellt, bei denen die Kinder sich durch sanfte Berührungen besonders gut entspannen können. Darüber hinaus werden Mandalas und ruhige Tänze beschrieben, bei denen selbst ein jüngeres Kind im Beisein eines Erwachsenen wieder fit und munter werden kann. Sie helfen den einzelnen Kindern, zu mehr Ruhe und Gelassenheit zu gelangen.

Sternenbett

Nr. 4 „Sternenstaub"

Indem die Kinder gemeinsam das Sternenbett aufbauen, stimmen sie sich ohne viel Zutun auf eine entspannte und ruhige Zeit ein, die allen guttut.

Alter: ab 1 Jahr
Material: jede Menge Kissen, Lammfelle, Decken, Entspannungslichter (➔ S. 16), evtl. 1 Kinderbuch mit kurzen Geschichten zum Vorlesen, Entspannungsmusik, CD-Player

Die Spielleitung baut mit den älteren Kindern ein großes Sternenbett zum Kuscheln im Raum auf, indem sie gemeinsam die Kissen sternförmig anordnen und den Stern dann mit Decken auslegen. Das Sternenbett muss genügend Platz für die ganze Gruppe bieten. Die Kinder legen sich auf ihr Sternenbett und machen es sich so richtig bequem. Die Spielleitung stellt um das Sternenbett herum die Entspannungslichter von den Kindern und dunkelt den Raum etwas ab. Sie schaltet die Entspannungsmusik ein, die leise im Hintergrund erklingt. Sie holt sich ein Kinderbuch zum Vorlesen oder lässt sich einfach von der Musik inspirieren, zu der sie dann eine dazu passende schöne Geschichte frei erfindet, welche die Kinder zur Ruhe kommen lässt.

Wer streichelt mich?

Gestreichelt werden, tut einfach gut und wirkt auf jeden beruhigend. Spielerisch holen sich die Kinder im nachfolgenden Spiel ihre Streicheleinheiten ab.

Alter: ab 2,5 Jahren
Material: evtl. 1 Schlafkorb oder 1 Lammfell, 1 Klangschale, pro Kind 1 Kissen

Die Kinder sitzen im Kreis und überlegen sich jeweils ein Haustier, das sie gerne spielen möchten. Das kann z. B. ein Hund, eine Katze, ein Hase, ein Hamster oder ein Wellensittich sein.
Das erste Kind stellt sich in die Kreismitte und spielt z. B. einen Hund. Es krabbelt auf allen Vieren im Innenkreis herum, bellt hin und wieder und fragt in die Runde, wer ihm wohl einmal über den Rücken streicheln möchte. Hat sich ein Kind gemeldet, krabbelt es zu ihm und lässt sich streicheln. Beide tauschen ihre Plätze. Das neue Kind spielt nun ebenfalls ein Haustier vor, wie z. B. eine Schildkröte, und lässt sich über den Panzer streicheln.
Wenn alle Kinder, die es möchten, ein paar Streicheleinheiten erhalten haben, ist das Spiel vorbei.
Hinweis: Falls sich kein Kind melden sollte, macht die Spielleitung einfach mit und streichelt dem betreffenden Kind über den Rücken.

Variante

Ein beliebiges Kind begibt sich in die Kreismitte und macht es sich dort im Schlafkorb oder auf einem Lammfell bequem. Es spielt z. B. einen Hund und tut dabei so, als ob es schlafen würde. Die Gruppe schleicht sich leise an, um das Hunde-Kind nicht zu wecken. Alle knien sich leise vor das Hunde-Kind, um es zu streicheln. Das Hunde-Kind genießt die vielen Streichelhände und wacht erst wieder auf, wenn die Spielleitung die Klangschale erklingen lässt. Während nun die Kinder sich leise wieder auf ihren Platz setzen, öffnet das Kind seine Augen. Es ballt seine Fäuste, reckt und streckt sich, steht langsam auf und tauscht mit einem anderen Kind den Platz. Eine neue Spielrunde beginnt, bei der das nächste Kind z. B. in der Rolle als Katze ebenfalls die vielen Streichelhände genießen kann.

Klangschalen-Wellness

Alter: ab 2 Jahren
Material: 1 Schafwollmatte (ca. 100 cm × 200 cm) o. Ä., 3 Klangschalen, wie z. B. 1 Baby-Gelenkschale, 1 Baby-Herzschale und 1 Baby-Beckenschale (➜ S. 7 ff. „Spielerisch und leicht entspannen" unter Klangmassagen)

Die Kinder stehen im Kreis, in dessen Mitte die Spielleitung die Schafwollmatte platziert. Eines der Kinder legt sich mit dem Bauch auf die Matte. Die Spielleitung zeigt dem Kind die drei Klangschalen. Die Baby-Herzschale stellt sie hinter dem Kopf des Kindes auf den Boden und die Gelenk- und Beckenschale behutsam auf den bekleideten Rücken. Sie schlägt die Klangschalen mit dem Filzschlägel der Reihe nach an. So kann das Kind die Klangschwingungen intensiv erleben bzw. spüren. Die übrigen Kinder gehen währenddessen ganz langsam Hand in Hand im Uhrzeigersinn herum. Ist der Klang verklungen, legt die Spielleitung die Klangschale zur Seite und bittet das Kind, langsam aufzustehen.
Das Kind tauscht mit einem anderen Kind den Platz, das sich nun mit dem Bauch auf die Schafwollmatte legen darf.
Eine neue Spielrunde startet, bei der nun alle wieder auf irgendeine Art in den Genuss der wohltuenden Klänge der Klangschalen kommen.

Psst! Erst lauschen!

In der folgenden Übung lernen die Kinder, für kurze Zeit still zu sein, bewusst hinzuhören und dabei den Klang eines Instrumentes zu genießen.

Alter: ab 1 Jahr
Material: 1 Triangel oder 1 Klangschale

Immer wenn die Spielleitung etwas Neues mit den Kindern im Spielkreis machen möchte, wie z. B. eine Geschichte vorlesen oder ein Kreisspiel spielen, lässt sie die Triangel oder die Klangschale erklingen. Die Kinder lauschen so lange, bis der Klang verklungen ist. Auf diese Weise wird es gleich viel ruhiger im Raum. Die Kinder können sich dann viel besser auf das, was dann folgt, einlassen.

Variante

Wird es zu laut im Gruppenraum, schlägt die Spielleitung die Triangel oder Klangschale mehrmals kurz hintereinander an. Das ist das akustische Zeichen für die Kinder, etwas leiser zu sein. Erst wenn alle Kinder leise sind, hört die Spielleitung mit dem akustischen Signal auf. Jetzt schlägt sie das Instrument ein letztes Mal an. Alle Kinder warten ab, bis der Klang verklungen ist und sind nun bestimmt wieder bereit, der Spielleitung zuzuhören.

Klingende Schneeflocken

Alter: ab 3 Monaten
Material: Watte, pro Kind 1 Kissen, für Kinder unter 2 Jahren jeweils 1 Lammfell o. Ä., 1 Glockenspiel oder Metallofon

Die Gruppe sitzt im Kreis beisammen. Kinder, die jünger als zwei Jahre alt sind, liegen mit dem Rücken auf einem Lammfell. Vor den Lammfellen sitzt jeweils ein Erwachsener.

Die Spielleitung übergibt den Kindern und den Erwachsenen auf der Kreisbahn jeweils einen Wattebausch, der eine Schneeflocke darstellt. Sie kniet sich zwischen die Kinder und Erwachsenen und stellt ein Glockenspiel vor sich. Die Spielleitung teilt der Gruppe mit, welchen Körperteil die „Schneeflocke" gleich sanft berühren soll. Die Kinder tupfen zu jedem angeschlagenen Ton mit ihrem Wattebausch sanft über den betreffenden Köperteil, wie z. B. die Hände oder gar die Wangen. Die Erwachsenen machen das Gleiche bei den Kindern, die direkt vor ihnen auf dem Lammfell liegen. Nach ein paar Tönen benennt die Spielleitung einen anderen Körperteil, wie z. B. die Schultern.

Wohltuende Klänge

Nr. 1 „Oase der Ruhe“

Bei einer Klangmassage können bereits bei den Allerkleinsten gute Erfolge erzielt werden. Es können u. a. Blockaden gelöst sowie Blähungen und Bauchschmerzen entgegengewirkt werden.

Alter: ab 3 Monaten
Material: 4–5 Klangschalen; evtl. pro Kind 1 Lammfell, Entspannungsmusik, CD-Player

Die Spielleitung verteilt im Raum mehrere Klangschalen.
Während der Klangmasse kann das Baby z. B. mit dem Kopf behaglich an der Schulter des Erwachsenen ruhen (➜ S. 10 „An der Schulter“). Babys und Kleinkinder können auch mit dem Rücken auf eine weiche Unterlage, wie z. B. ein Lammfell, gelegt werden. Die Spielleitung schlägt der Reihe nach sanft die einzelnen Klangschalen an. Die Schwingungen des Klangs übertragen sich auf die einzelnen Kinder. Die Kinder können sich hierbei gut entspannen und insgesamt ihr Wohlbefinden steigern.

Variante

Die Spielleitung legt sich gemeinsam mit dem Kind auf das Lammfell. Während nun die Spielleitung dem Kind sanft über den Kopf streichelt oder sich einfach nur neben das Kind legt, läuft im Hintergrund leise die CD. So können beide die Klänge, die auf der CD zu hören sind genießen.

Federleichte Massage

Alter: ab 3 Monaten
Material: Federn, pro Kind 1 Kissen für die Allerkleinsten je 1 Lammfell, 1 Klangschale

Die Gruppe bildet einen Sitzkreis. Die Allerkleinsten liegen mit dem Rücken auf einem Lammfell. Der Kopf liegt in Richtung Kreismitte. Vor ihnen sitzt jeweils ein Erwachsener.
Die Spielleitung teilt die Federn aus und setzt sich in die Kreismitte direkt vor eine Klangschale und lässt diese erklingen. Sie benennt ein Körperteil, den die Kinder bzw. die Erwachsenen bei den Babys mit ihrer Feder streicheln. Das können z. B. die Stirn, die Nase, die Wangen oder die Hand sein. Ist der Klang verklungen, benennt sie oder ein Kind aus der Gruppe ein weiteres Körperteil. Auch dieses Körperteil wird, sobald die Spielleitung die Klangschale anschlägt, wieder mit der Feder verwöhnt.
Nach drei bis vier Durchgängen schlägt die Spielleitung die Klangschale noch zwei- bis dreimal an, ohne ein Körperteil zu benennen. Jetzt können alle frei wählen, welches Körperteil sie gerne mit der Feder streicheln wollen. Dabei macht die Spielleitung mit, sodass die Kleinen auch die Möglichkeit erhalten, alles nachzuahmen. Zum Abschluss pusten alle sanft ihre Federn in die Höhe.

Klang-Babyschaukel

Nach dem Prinzip der Klangwiege wird hier nun gezeigt, wie man ohne viel Aufwand sich schaukeln und an den wohltuenden Klängen erfreuen kann.

Alter: ab 3 Monate
Material: 1 Babyschaukel oder für Kleinkinder 1 Hängematte, 1 Klangschale

Die Spielleitung legt ein beliebiges Kind mit dem Rücken entweder in eine Babyschaukel oder – falls es älter ist – auf die Matte. Die Spielleitung stellt sich vor die Babyschaukel und wiegt schließlich das Kind sanft hin und her. Dabei schlägt sie zwischendurch die Klangschale an, die sich in Nähe der „Wiege" auf dem Boden befindet. Das wiederholt sie ein paarmal, bis das Kind sich so richtig wohl und entspannt fühlt.

Sanfte Berührung

Die folgende Streichelmassage eignet sich hervorragend, um die Kleinen zu beruhigen, sodass sie bald wieder ganz munter und fröhlich sind. Dabei lernen die Kinder auch, wie sie durch liebevolles Streicheln schnell wieder zur Ruhe finden.

Alter: ab 2,5 Jahren
Material: pro Kind 1 Lammfell o. Ä.

Das Kind liegt mit dem Rücken auf einem Lammfell oder einer anderen weichen Unterlage. Die Spielleitung kniet sich direkt neben das Kind und streichelt z. B. mit der flachen Hand über seinen Rücken. Dabei fragt sie z. B.:

„Mit was beruhige ich wohl dich?
Hand oder Finger, frage ich dich?"

Kann das Kind richtig antworten, streichelt die Spielleitung mit der flachen Hand auch weitere Körperteile, wie z. B. die Schultern, die Arme und den Bauch. Dabei benennt sie jedes Mal den Körperteil, den sie gerade streichelt.
Nach einer Weile wiederholt sie die Streichelmassage, jedoch mit den Fingern.
Auf diese Weise wechselt sie zwischen Fingern und Hand noch ein paarmal hin und her, bis das Kind ganz ruhig geworden ist.
Hinweis: Bei Rückenmassagen ist es wichtig nicht direkt die Wirbelsäule zu massieren, sondern immer nur entlang der Wirbelsäule.

Sanfter Cremespaß

Nr. 4 „Sternenstaub“

Das Wickeln eignet sich besonders gut, um ein Baby so richtig zu verwöhnen. Mit sanfter Hintergrundmusik genießen die Babys die sanfte Massage durch das Eincremen besonders.

Alter: ab 3 Monaten
Material: Babyöl und Babycreme, 1 Spieluhr mit einer ruhigen Melodie oder Entspannungsmusik, CD-Player

Die Spielleitung spielt beim Wickeln eine Spieluhr ab oder lässt leise Entspannungsmusik laufen. Vor dem Eincremen bzw. Einölen reibt sie die Hände mehrmals gegeneinander, um nicht zu kalte Hände zu haben. Sie verteilt die Creme auf ihren Händen und Fingern und cremt das Baby mit sanften Bewegungen ein. Das beruhigt und trägt dazu bei, dass Babys die Körperpflege von klein auf als etwas Schönes erleben. Besonders schön ist es für das Baby, wenn die Spielleitung mit dem Daumen etwas Babycreme in kleinen kreisenden Bewegungen auf die beiden Handflächen und Fußsohlen aufträgt und mit dem Daumen und Zeigefinger sanft die einzelnen Finger und Zehen bis hin zu den Finger- und Zehenspitzen ausstreicht. Dabei kommt das Kind in den Genuss einer Hand- und Fußmassage.
Hinweis: Calendula-Creme schützt z. B. vor einem wunden Po. Hautöle vermeiden Hautirritationen von Gesicht und Händen vor allem in der kalten Jahreszeit.

Kleine Igelball-Massage

Alter: ab 2,5 Jahren
Material: pro Kind 1 kleiner Igelball und 1 Kissen, 1 Handtrommel

Die Kinder sitzen im Kreis beisammen und erhalten von der Spielleitung jeweils einen kleinen Igelball.
Die Spielleitung streicht mit ihren Fingerspitzen kreisförmig und langsam über die Trommel. Passend dazu massieren die Kinder z. B. ihren Arm mit dem Igelball. Legt die Spielleitung die Trommel beiseite, machen die Kinder eine Pause. Welcher Igelball macht wohl als Erstes eine Pause?
Sobald alle Igelbälle auf dem Arm ruhen, gibt die Spielleitung die Anweisung, den anderen Arm mit den Igelbällen zu massieren. Stoppt die Trommel erneut, halten die Kinder schnell wieder inne.
Auf diese Weise werden auch weitere Körperteile, wie z. B. der Bauch, die Beine oder die Füße, mit dem Igelball massiert.

Variante

Die Kinder ziehen ihre Schuhe und möglichst auch ihre Strümpfe aus. Alle stehen mit jeweils einem Fuß auf ihrem Igelball im Kreis. Zwei Igel-Kinder, welche die Spielleitung aufruft, wechseln ihre Plätze. Dabei rollen sie den Ball mit dem Fuß über den Boden und achten darauf, dass der Fuß immer im Kontakt mit dem Ball bleibt. Auf diese Weise erhält der Fuß eine schöne Massage. Stehen beide auf ihrem neuen Platz, stellen sie den anderen Fuß auf ihren Igelball.
Danach sind zwei andere Kinder an der Reihe, die auf die gleiche Weise miteinander ihre Plätze tauschen.
Das Spiel ist aus, sobald alle Kinder mindestens zweimal ihre Plätze getauscht haben und somit beide Füße mithilfe ihres Igelballs massiert haben.

Körpermalerei

Alter: ab 2,5 Jahren
Material: pro Kind 1 Kugelpinsel o. Ä., der perfekt in die Kinderhand passt, 1 Gong o. Ä.; evtl. 1 Lammfell

Immer zwei Kinder setzen sich direkt gegenüber und erhalten von der Spielleitung jeweils einen Kugelpinsel.
Mit dem Pinsel malen sie sich nun gegenseitig an. Dazu nehmen sie ihre Pinsel, tauchen sie in die imaginäre Farbe und malen sich z. B. auf Anweisung der Spielleitung gegenseitig ihre Arme an. Nach einer Weile schlägt die Spielleitung den Gong an. Die Kinder hören auf zu malen. Ist der Klang verklungen, nennt die Spielleitung ein neues Körperteil, wie z. B. die Hände, den Bauch, die Beine oder die Füße, das angemalt werden soll. Auf diese Weise verwöhnen die Kinder sich gegenseitig mithilfe der Kugelpinsel.
Die Spielleitung lobt die kleinen MalerInnen am Schluss für ihre tollen Körperkunstwerke.

Variante ab 2 Jahren

Ein beliebiges Kind legt sich mit dem Rücken auf ein Lammfell. Alle übrigen Kinder sitzen um das Lammfell herum. Die Spielleitung übergibt einem Kind den Pinsel. Das Kind malt alleine oder mithilfe der Spielleitung einen bestimmten Körperteil des liegenden Kindes an. Dabei streicht es mit dem Pinsel über den betreffenden Körperteil. Dann erhält ein zweites Kind den Pinsel und streicht über einen anderen Körperteil.
Ist das Kind genug verwöhnt worden, macht es auf dem Lammfell Platz für das nächste Kind.

Entspannte Malstunde

Nr. 4 „Sternenstaub"

Alter: ab 2 Jahren
Material: alte Zeitungen, pro Kind 1 hellblauer Tonpapierbogen A3, Entspannungslichter (→ S. 16), Schalen für die Farbe, gelbe Fingerfarbe, pro Kind 1 Malkittel, Entspannungsmusik, CD-Player, Schere

Die Spielleitung breitet auf einem großen Tisch die Zeitungsblätter aus, auf die sie für jedes Kind einen hellblauen Tonpapierbogen legt. Auf die Tische verteilt sie die eingeschalteten Entspannungslichter. In die kleinen Schälchen gibt sie gelbe Fingerfarbe.
Die Kinder ziehen ihre Malkittel an und stellen sich um den Tisch herum. Die Spielleitung dunkelt den Raum etwas ab und schaltet die Entspannungsmusik ein, die leise im Hintergrund erklingt.
Die Musik und die Lichter wirken beruhigend und tragen dazu bei, dass die Kinder nicht zu schnell malen. Die Kinder lassen sich von der Musik inspirieren und malen nach Herzenslust mit ihren Fingern und Händen viele kleine Sterne, die durchaus abstrakt sein können. Die Spielleitung macht mit und kann so auch die Ideen der Kinder aufgreifen und ergänzen.
Nach einer Weile hören alle auf zu malen und gehen langsam um den Tisch herum. Dabei bleibt die Spielleitung mit der Gruppe hin und wieder stehen, um das Gelb auf den hellblauen Tonpapierbögen auf sich wirken zu lassen.
Ist die Musik aus, waschen alle ihre Hände und überlegen, wo sie ihr Kunstwerk aufhängen können.

Mein Massageroller

Nr. 4 „Sternenstaub"

Alter: ab 3 Monaten
Material: pro Kind 3–5 leere Toilettenrollen und 1 Lammfell o. Ä., pro Papprolle unterschiedliche weiche Materialien, wie z. B. Filz, Samt, Lammfell, Teddystoff und Baumwolle, Schere, Klebstoff, Entspannungsmusik, CD-Player

Die Spielleitung und die Erwachsenen schneiden die Materialien mit der Schere passend zu und bekleben alle Toilettenrollen mit jeweils einem bestimmten weichen Material. So entstehen die verschiedensten Massageroller.
Damit die Babys und Kleinkinder von der Massage möglichst viel spüren, werden die Allerkleinsten möglichst bis zur Windel ausgezogen. Die Älteren ziehen eine kurze Hose und ein T-Shirt an.
Die Babys oder Kinder liegen entweder mit dem Rücken auf dem Wickeltisch oder auf einem Lammfell. Jeder Erwachsene sucht sich verschiedene Massageroller aus und massiert damit ein Kind. Dabei rollt er mit dem Massageroller gleichmäßig und nicht zu schnell über die einzelnen Körperteile und achtet auf die Reaktion des Kindes. Welches Material, das sich auf den Papprollen befindet, löst bei den Babys und Kleinkindern einen freudigen Gesichtsausdruck aus? Falls sie sich selbst schon äußern können, wählen die Kleinkinder ihren Lieblingsroller aus. Für die Babys entscheiden die Erwachsenen.
Die Spielleitung schaltet die Entspannungsmusik an und die Kinder genießen eine Massage mit ihrem Lieblingsmassageroller.
Hinweis: Die Vorlieben für bestimmte Massageroller können sich bei den Kindern von Zeit zu Zeit ändern. Haben sie sich beim ersten Mal für das eine Material entschieden, kann es beim nächsten Mal schon ein anderes Material sein.

Sonnenmassage

Alter: ab 3 Monaten
Material: 1 gelber Schminkstift, pro Kind 1 Kissen, für die Allerkleinsten jeweils 1 Lammfell o. Ä.

Die Spielleitung zeichnet auf den Handrücken jedes Kindes eine gelbe Sonne.
Alle setzen sich im Kreis auf ihre Kissen. Die Allerkleinsten liegen jeweils auf einem Lammfell. Vor ihnen sitzt je ein Erwachsener. Die Spielleitung liest den folgenden Text langsam vor und macht dabei gemeinsam mit den Kindern bzw. Erwachsenen die dazu passenden Bewegungen:

„Die Sonne scheint heute. Das freut alle Leute.	Beide Hände gegeneinander reiben, sodass sie schön warm werden.
Die Sonnenstrahlen streicheln deinen Kopf.	Mit beiden Händen behutsam über den Kopf streicheln.
Die Sonne scheint heute. Das freut alle Leute.	Beide Hände gegeneinander reiben, sodass sie schön warm werden.
Die Sonnenstrahlen streicheln deine Schultern.	Erst mit der rechten Hand über die linke Schulter und dann mit der linken Hand über die rechte Schulter kreisförmig streicheln.
Die Sonne scheint heute. Das freut alle Leute.	Beide Hände gegeneinander reiben, sodass sie schön warm werden.
Die Sonnenstrahlen streicheln deine Arme.	Erst mit der rechten Hand den linken Arm und dann mit der linken Hand den rechten Arm streicheln.
Die Sonne scheint heute. Das freut alle Leute.	Beide Hände gegeneinander reiben, sodass sie schön warm werden.
Die Sonnenstrahlen streicheln deinen Bauch.	Mit der rechten oder linken Hand kreisförmig links herum über den Bauch streichen.
Die Sonne scheint heute. Das freut alle Leute.	Beide Hände gegeneinander reiben, sodass sie schön warm werden.

Die Sonnenstrahlen streicheln deine Beine.	Erst mit der rechten Hand das linke Bein und dann mit der linken Hand das rechte Bein streicheln.
Die Sonne scheint heute. Das freut alle Leute.	Beide Hände gegeneinander reiben, sodass sie schön warm werden.
Die Sonnenstrahlen streicheln deine Füße.	Erst mit der rechten Hand den linken Fuß und dann mit der linken Hand den rechten Fuß streicheln.
Die Sonne tut so gut! Sie gibt dir Kraft und Mut!“	Ältere Kinder ballen Fäuste, recken und strecken sich und stehen langsam auf.

Mein kleiner Kuschelbär

Nr. 4 „Sternenstaub“

Kuscheln tut den Kleinen sehr gut. Es ist entspannend, stärkt das Verhältnis zwischen Eltern und Kindern oder anderen Bezugspersonen und hilft, neue Kraft zu tanken.

Alter: ab 3 Monaten
Material: z. B. Entspannungslichter (→ S. 16), Entspannungsmusik, CD-Player

Die Spielleitung kennt ihre Kinder in der Regel sehr genau und weiß, welches Kind gerade ein paar Streicheleinheiten braucht. Sie geht mit einem oder mehreren Kindern zum Entspannungsbereich im Gruppenraum oder im Idealfall in den separaten Entspannungs- und Wahrnehmungsraum. Hier gibt es bestimmt Matratzen oder Hängematte, auf denen es sich alle bequem machen können. Besonders schön ist es, wenn der Raum dabei etwas abgedunkelt werden kann. Entspannungslichter der Kinder und eine gute Entspannungsmusik tragen zu einer harmonischen Atmosphäre bei. Auf diese Weise können die Kinder im besonderen Maße die Streicheleinheiten genießen. Während die Spielleitung mit dem Kind kuschelt, kann sie ihm, falls keine Entspannungsmusik im Hintergrund läuft, leise ein Kinderlied vorsummen oder vorsingen. Sollten mehrere Kinder mitmachen, können sich alle gegenseitig knuddeln.

Hinweis: Ältere Kinder müssen auf jeden Fall vorher gefragt werden, ob sie z. B. umarmt und gedrückt werden wollen.

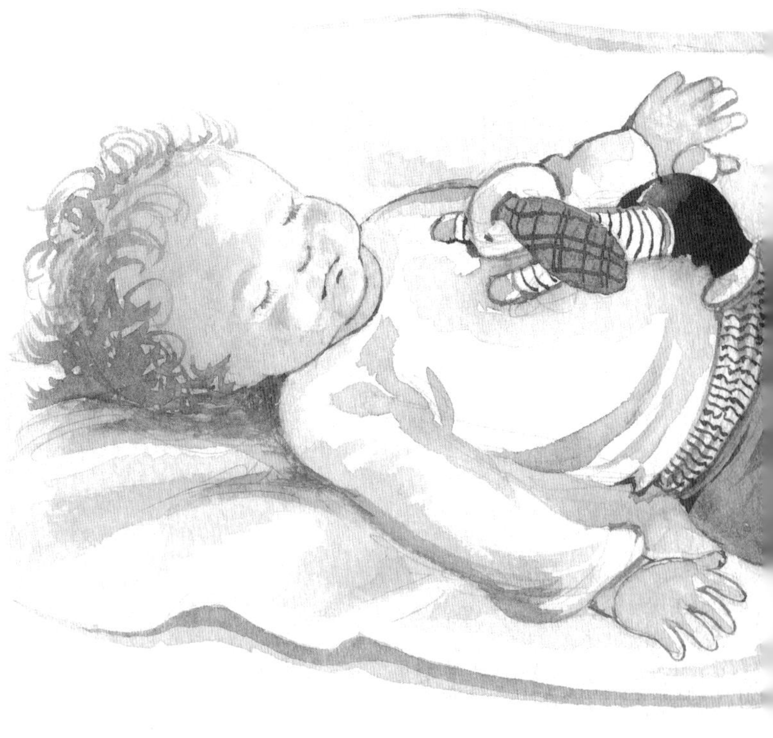

Spürst du das Kuscheltier?

Bei dem folgenden Spiel können die Kinder mithilfe eines Kuscheltieres ihren Körper ganz bewusst wahrnehmen und spüren. Auf diese Weise kommen sie zur Ruhe und können neue Kraft tanken.

Alter: ab 2 Jahren
Material: pro Kind 1 Lammfell o. Ä. und 1 Kuscheltier

Die Kinder liegen mit dem Rücken oder Bauch auf jeweils einem Lammfell. Die Spielleitung und die Erwachsenen holen sich Kuscheltiere und knien sich direkt neben jeweils ein Kind. Während sie nun das Kuscheltier entweder auf ein Bein, einen Arm oder gar eine Hand des vor ihnen liegenden Kindes legen, sagt die Spielleitung z. B.:

*„Weißt du, wo das Kuscheltier ist?
Liegt es auf dem Bein, dem Arm oder der Hand?"*

Das Kind kann nun die betreffende Körperstelle benennen. Falls das Kind nicht die richtige Antwort weiß, hilft die Spielleitung aus.

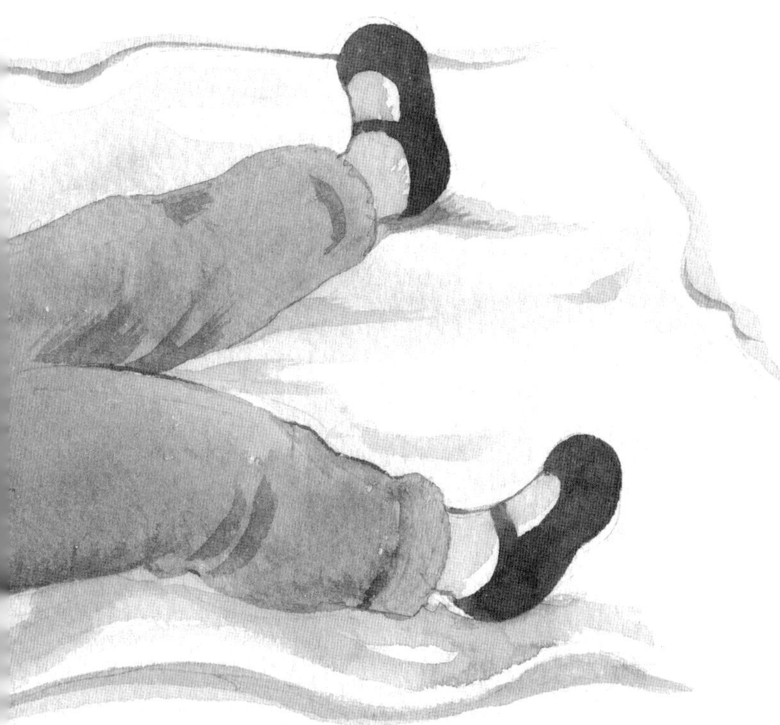

Danach legt sie das Kuscheltier auf ein anderes Körperteil, wie z. B. den Rücken, oder – falls das Kind auf dem Rücken liegt – den Bauch. Dementsprechend formuliert sie dann die o. g. Frage. Nach zwei bis drei Durchgängen sagt die Spielleitung:

*„Das Kuscheltier mag mich
und hat auch ganz lieb dich!"*

Sie drückt dem Kind das Kuscheltier in den Arm, mit dem es nun kuscheln darf.

Sternentanz

Nr. 4 „Sternenstaub"

Alter: ab 3 Monaten
Material: für jedes Paar 1 Gymnastikseil, Entspannungsmusik, CD-Player

Die Spielleitung legt zwei Gymnastikseile über Kreuz auf dem Boden aus. Mit den anderen Seilen teilt sie jetzt lauter gleichgroße Kuchenstücke ab. Am Ende entsteht ein Stern.

Die Erwachsenen tragen die Allerkleinsten auf dem Arm (➜ S. 10 „In der Armbeuge"). Diejenigen Kinder, die bereits etwas älter und somit auch schwerer sind, liegen am besten mit dem Bauch nach unten auf dem Unterarm (➜ S. 10 „Fliegergriff").
Alle stellen sich vor jeweils einem Seilende im Kreis auf.
Passend zur Entspannungsmusik balanciert eines der Kleinkinder bzw. ein Erwachsener auf dem Seil zu seinem Gegenüber. Die Babys auf den Armen werden dabei leicht gewiegt und der Erwachsene hält immer Blickkontakt zum Kind und lächelt es dabei freundlich an. Das wirkt auf

das Baby beruhigend und führt dazu, dass es sich während des Tanzens und Wiegens so richtig wohl fühlt. Auf diese Weise wechseln beide die Plätze.
Wer jetzt den Stern betritt, tanzt auf die gleiche Weise auf jemand anderen zu.
Der Tanz ist aus, sobald die Musik beendet ist.

Variante ab 1 Jahr

Die Kinder sitzen im Stuhlkreis jeweils auf dem Schoß von einem Erwachsenen. Der Erwachsene umarmt das Kind und wiegt das Kind mit seinem Oberkörper zur Melodie behutsam hin und her. Dabei betrachten alle den Stern aus Seilen, der auf dem Boden liegt.

Wärmekissen-Massagen

Besonders Kinder, die müde sind und frieren, tut eine kleine Streichelmassage mit einem Wärmekissen besonders gut. Sie wärmt den Körper und sorgt dafür, dass die Kinder wieder Energie tanken können.

Alter: ab 1 Jahr
Material: pro Kind 1 Lammfell und 1 kleines Wärmekissen, das auch für Babys geeignet ist

Die Spielleitung erwärmt für jedes Kind ein kleines Wärmekissen laut Gebrauchsanweisung entweder in der Mikrowelle oder im Backofen.
Die Kinder liegen mit dem Rücken oder Bauch auf einem Lammfell. Ein Erwachsener holt sich ein Wärmekissen, mit dem er sanft über den Körper des Kindes streichelt. Der Kopf wird jedoch ausgelassen. Der Erwachsene beobachtet dabei den Gesichtsausdruck und die Körperhaltung des Kindes. Je entspannter das Kind daliegt, desto mehr kann man davon ausgehen, dass es die wohltuende Wärme auf seinem Körper genießt. Dabei kann es sogar sein, dass das Kind einschläft.

Entscheidung im Schneckentempo

Das folgende Spiel eignet sich hervorragend für Situationen, in denen die Kinder sehr unruhig sind und nicht wissen, was sie tun sollen.

Alter: ab 2 Jahren
Material: 1 Handtrommel

Die Spielleitung trommelt die Kinder mit der Handtrommel herbei. Gemeinsam bilden sie einen Kreis und überlegen, was sie als Nächstes machen können. Einige Kinder wollen vielleicht gerne in der Bastelecke basteln oder malen. Andere Kinder möchten vielleicht lieber mit Autos oder mit Puppen spielen. Nacheinander bilden sich so Gruppen mit einem gemeinsamen Interesse. Wenn sich alle Kinder entschieden haben, fordert die Spielleitung die Kinder auf, wie Schnecken auf allen Vieren leise zu ihrem Zielort, also z. B. die Bastel- oder Spielecke im Gruppenraum, zu kriechen. Durch die Entschleunigung werden die Kinder ruhig und können sich voll und ganz auf die ausgewählte Aktivität einlassen.

Variante für den Spielkreis

Immer wenn die Spielleitung die Kinder in den Spielkreis einlädt, spielen sie Schnecken. Dementsprechend bewegen sie sich extrem langsam. Die Kinder kommen in aller Ruhe im Spielkreis an und können sich auf das, was dann folgt, schließlich viel besser einstellen.

Puppe und Teddy

Im Folgenden lernen die Kinder, wie sie mithilfe ihrer Puppen oder Teddys sich beruhigen, entspannen und wohlfühlen können.

Alter: ab 1 Jahr
Material: pro Kind 1 Kissen und 1 Puppe oder 1 Teddy

Die Kinder und die Spielleitung sitzen im Kreis und haben jeweils eine Puppe oder einen Teddy auf dem Schoß sitzen. Alle verwöhnen ihre Puppen oder Teddys wie beschrieben:

„Meine Puppe liebe ich. Meine Puppe liebt auch mich. Den Teddy liebe ich. Der Teddy liebt auch mich.	Mit den Händen über den Kopf der Puppe oder des Teddys streicheln.
Ruhig macht sie mich. Ruhig macht er mich. Das liebe ich!	Die Puppe oder den Teddy umarmen.
Das Wiegen tut so gut. Es gibt uns Kraft und Mut.	Die Puppe oder den Teddy sanft hin und her wiegen.
Meine Puppe liebe ich. Meine Puppe liebt auch mich. Den Teddy liebe ich. Der Teddy liebt auch mich.“	Mit den Händen über den Kopf der Puppe oder des Teddys streicheln.

Zaubermäuse

Bei dem folgenden Spiel können die Kinder erst einmal ihren Bewegungsdrang ausleben und mithilfe der wohltuenden Klänge der Klangschale allmählich innerlich zur Ruhe kommen.

Alter: ab 2,5 Jahren
Material: 1 Handtrommel, 1 Zauberstab, 1 Klangschale, pro Kind 1 Kissen

Die Kinder bilden einen großen Kreis aus Kissen und stellen sich im Innenkreis auf. Zum Rhythmus des Trommelspiels der Spielleitung gehen alle Kinder im Innenkreis herum. Stoppt das Trommelspiel, bleiben sie stehen. Die Spielleitung nimmt einen Zauberstab, schwingt ihn in der Luft und sagt z. B.:

„Abrakadabra alle Kinder sind Mäuse
und laufen in ein Häuschen!“

Dabei deutet sie auf die Kissen im Kreis und fügt hinzu:

„Sind die Mäuse dann im Haus,
ruhen sich die Mäuse aus!“

Alle Kinder krabbeln auf jeweils ein freies Kissen, um sich auszuruhen.
Sitzen alle Kinder auf ihren Kissen, schlägt die Spielleitung die Klangschale zweimal an. Damit die Kinder genügend Zeit haben, um neue Kraft und Energie zu schöpfen, wartet sie jeweils zwischen dem Anschlagen, bis der Klang ganz verklungen ist.

Mit dem Schwamm wasche ich ...

Alter: ab 3 Monaten
Material: pro Kind 1 Kissen, für die Allerkleinsten jeweils 1 Lammfell, pro Kind 1 Natur-Babyschwamm

Die Spielleitung zieht die Allerkleinsten bis zur Windel aus. Die älteren Kinder tragen nur noch ihre Unterwäsche oder einfach eine kurze Turnhose und ein T-Shirt. Auf diese Weise können sie gleich besonders gut den weichen Schwamm auf ihrer Haut spüren.
Die Gruppe sitzt im Kreis beisammen. Die Allerkleinsten liegen mit dem Rücken auf dem Lammfell und zwar so, dass der Kopf in Richtung Kreismitte zeigt. Vor ihnen sitzt jeweils ein Erwachsener. Alle erhalten von der Spielleitung jeweils einen Natur-Babyschwamm.
Die Spielleitung fragt die älteren Kinder, weshalb sie sich eigentlich waschen müssen. Wurde die Frage geklärt, folgt die Körperpflege. Die Spielleitung liest den folgenden Text laut vor und die Kinder bzw. die Erwachsenen mit Babys machen die dazu passenden Bewegungen nach:

„Mit dem Schwamm wasche ich die Schultern.	Mit dem Schwamm erst behutsam die Schultern, …
Mit dem Schwamm wasche ich beide Arme.	… dann die Arme und …
Mit dem Schwamm wasche ich die Hände.	… schließlich die Hände streicheln.
Mit dem Schwamm wasche ich den Bauch.	Mit dem Schwamm kreisförmig links herum über den Bauch streicheln.
Mit dem Schwamm wasche ich die Beine und	Mit dem Schwamm erst die Beine und …
am Schluss die Füße.“	… am Ende die Füße streicheln.

Am Ende sagt die Spielleitung: *„Nun sind wir wieder ganz sauber und frisch! Wir fühlen uns fit und munter!“*

Natur erleben und entspannen

Die Aufenthalte in der freien Natur stärken das Immunsystem, fördern das soziale Verhalten und ermöglichen nicht zuletzt vielfältige Naturerfahrungen aus erster Hand. Besonders wenn draußen die Sonne scheint, macht das Naturerleben besonders viel Spaß. Die warmen Sonnenstrahlen, die den Körper verwöhnen, sind Balsam für Körper, Geist und Seele und laden zum Entspannen und Träumen gleichermaßen ein.

In diesem Kapitel werden nun eine Reihe von Ruhe- und Wahrnehmungsspielen, Streichelversen, einfache Streichelmassagen, Mandalas und ruhigen Tänzen vorgestellt, die sich allesamt auf die Natur beziehen. Für die folgenden Spiele und anderen Angebote werden, falls erforderlich, nur solche Materialien verwendet, die die Kinder z. B. am Wegesrand, im Wald oder auf der Wiese finden können. Sie eignen sich nicht nur für das freie Spiel, sondern auch für gezielte Entspannungsangebote rund um die Natur. Darüber hinaus kann auch das, was Kinder in der freien Natur entdecken und erleben, in den Innenräumen der Einrichtung durch Entspannungsangebote zum Jahreskreis vertieft werden. Auf diese Weise nehmen die Kinder auch draußen in der Natur so manches viel aufmerksamer und bewusster wahr. Indem sie sich in aller Ruhe und auf vielfältige Weise mit der Natur auseinandersetzen, können sie von klein auf ein Verhalten erwerben, dass die Natur erhält, schont, pflegt und schützt.

Imaginärer Waldspaziergang

Nr. 5 „Waldimpressionen“

Bei der unten aufgeführten Idee lernen die Kinder nicht nur kleine unscheinbare Dinge aus der Natur bewusst wahrzunehmen, sondern auch über ihre Empfindungen zu sprechen.

Alter: ab 2 Jahren
Material: pro Kind 1 Kissen, unterschiedliche kleine Naturmaterialien, wie z. B. Pflanzenblätter, Moos, Baumrinde und Kieselsteine, Entspannungsmusik, CD-Player

Die Kinder ziehen ihre Schuhe und Strümpfe aus und setzen sich im Kreis auf ihre Kissen. Die Spielleitung verteilt verschiedene Naturmaterialien im Innenkreis und lädt die Kinder zu einem imaginären Waldspaziergang ein.
Zur Melodie der Entspannungsmusik, die leise im Hintergrund erklingt, gehen die Kinder im Innenkreis spazieren. Dabei dürfen sie auch barfuß auf die einzelnen Naturmaterialien treten und z. B. das weiche Moos oder die abgerundeten Kieselsteine unter ihren Füßen spüren.
Ist die Musik beendet, setzen sich alle Kinder auf ihre Kissen im Kreis. Die Spielleitung fragt die Kinder, welche Naturmaterialien ihnen besonders gut gefallen haben. Vielleicht gibt es ein paar Naturmaterialien, die beim Drauftreten sehr angenehm gewesen sind, oder andere, die optisch besonders ansprechend sind.

Wacht auf, ihr Waldtiere!

Dieses Spiel eignet sich für zwischendurch, aber auch als Begrüßungsspiel im Morgenkreis, der unter freiem Himmel stattfinden kann.

Alter: ab 2,5 Jahren
Material: pro Kind 1 Kissen und 1 Postkarte, auf der ein Waldtier abgebildet ist

Alle Kinder sitzen im Kreis und tun so, als ob sie schlafen würden. Die Augen bleiben jedoch geöffnet. Die Spielleitung geht leise zu drei bis vier Kindern, weckt sie sanft und überreicht ihnen jeweils eine Postkarte. Die Kinder schauen sich ihre Postkarten an und spielen das Tier, das auf der Postkarte abgebildet ist. Auf Anweisung der Spielleitung hin ballen sie ihre Fäuste, recken und strecken sich ausgiebig und wechseln ihre Plätze, indem sie sich z. B. auf allen Vieren so wie ein Fuchs bewegen, einen davon hüpfenden Hasen spielen oder mit ihren Armen Flugbewegungen wie ein Vogel machen.

Sitzen die Kinder wieder auf einem Platz, sammelt die Spielleitung die Postkarten wieder ein. Eine neue Spielrunde startet mit neuen Kindern. Sind alle Kinder an der Reihe gewesen, begrüßt die Spielleitung alle Tiere bzw. Kinder im Kreis recht herzlich.

Baumstumpf-Mandala

Alter: ab 2,5 Jahren
Material: pro Kind 1 Alu-Kissen o. Ä., 1 Baumstumpf, jede Menge kleine Naturmaterialien, wie z. B. Tannennadeln, Blätter; evtl. 1 Laubbaum

Die Kinder suchen sich einen Baumstumpf und sammeln Tannenadeln, Blätter oder sonstige Naturmaterialien.
Sie bilden einen engen Kreis um den Baumstumpf und setzen sich auf ihre Sitzunterlagen. Nacheinander streuen sie eine Handvoll der kleinen Kostbarkeiten aus der Natur von innen nach außen kreisförmig auf den Baumstumpf.
Ist das Mandala fertig, geben sich alle gegenseitig die Hände und gehen gemeinsam mit der Spielleitung langsam Hand in Hand im Uhrzeigersinn um den Baumstumpf herum. Zwischendurch bleiben sie stehen, um das Mandala genauer in Augenschein zu nehmen.
Sind alle Kinder wieder auf ihrem Ausgangsplatz angekommen, ist das Spiel vorbei.

Variante

Die Kinder sammeln die Blätter eines Laubbaums und legen daraus einen kreisrunden Teppich um den Laubbaum herum. Miteinander gehen sie dann im Uhrzeigersinn um das gelegte Mandala herum, dessen Mitte der Baum bildet. Auf Anweisung der Spielleitung hin bleiben sie hin und wieder stehen, um das Mandala zu betrachten.

Massage mit Naturmaterialien

Alter: ab 3 Monaten
Material: jede Menge kleine weiche Naturmaterialien, wie z. B. Pflanzenblätter, Moos und Grashalme, pro Kind 1 Alu-Kissen o. Ä., für die Allerkleinsten jeweils 1 Lammfell o. Ä., 1 Klangschale

In der freien Natur sammeln die Kinder jeweils ein kleines weiches Naturmaterial, das sie in die Einrichtung bringen. Dort angekommen, ziehen die älteren Kinder z. B. kurze Turnhosen und T-Shirts an und die Allerkleinsten werden bis zur Unterwäsche ausgezogen.
Die Gruppe bildet einen Kreis aus Kissen. Alle halten ihre Naturmaterialien in den Händen. Die Allerkleinsten liegen mit dem Rücken auf Lammfellen und zwar so, dass der Kopf in Richtung Kreismitte zeigt. Vor ihnen kniet jeweils ein Erwachsener.
Lässt die Spielleitung die Klangschale erklingen, streicheln sich alle mit ihren Naturmaterialien behutsam über die Schultern, die Arme, die Hände, den Bauch, die Beine und schließlich sanft über die Füße. Die Babys werden von den Erwachsenen gestreichelt. Erklingt erneut die Klangschale, tauschen alle ihre Materialien untereinander aus. Falls jemand nicht tauschen möchte, ist das auch in Ordnung.
Eine neue Massagerunde mit neuen Naturmaterialen beginnt.
Sobald sich alle ausgiebig mit den verschiedensten Naturmaterialien verwöhnt bzw. verwöhnen lassen haben, ist das Spiel zu Ende.

Wettermassage

Die folgende Streichelmassage bietet sich auch hervorragend für Kinder und deren Eltern an. Ohne großes Zutun wird sodann die Eltern-Kind-Beziehung gestärkt.

Alter: ab 2 Jahren
Material: pro Kind 1 Kissen, Klangschale; evtl. für die Allerkleinsten 1 Lammfell

Die Gruppe sitzt auf ihren Kissen im Kreis. Die Erwachsenen sitzen hinter jeweils einem Kind. Die Spielleitung liest den nachfolgenden Text langsam und deutlich vor und die Erwachsenen massieren die Kinder wie beschrieben:

„Wie ist das Wetter heute? Hört gut zu, liebe Leute.	Mit den Händen kreisförmig über die Schultern streicheln.
Durch das Haar bläst der Wind ganz leicht, mein liebes Kind.	Auf die Haare des Kindes pusten.
Die Sonne kommt heraus. Das tut gut, kleine Maus.“	Mit den Fingerspitzen liebevoll die Kopfhaut massieren.

Die Erwachsenen massieren noch ein Weilchen die Kopfhaut des Kindes. Irgendwann schlägt die Spielleitung die Klangschale an und beendet so die Streichelmassage. Bei einer Eltern-Kind-Gruppe ergänzt die Spielleitung den folgenden Satz:

„Und ganz am Schluss gibt's einen Kuss.“	Die Eltern küssen ihr Kind.

Variante ab 3 Monaten

Die Erwachsenen knien vor jeweils einem Kind, das mit dem Rücken auf einem Lammfell liegt. Die Spielleitung macht für die nächsten fünf Tage eine Wettervorhersage. Die Erwachsenen machen die dazu passenden Bewegungen:

„Montag wird es windig.	Auf die Hände und Füße des Kindes pusten.
Dienstag wird es sonnig.	Mit der flachen Hand kreisförmig links herum über den Bauch streicheln.
Mittwoch wird es regnerisch.	Mit den Fingerspitzen auf die Schultern und die Arme klopfen.
Donnerstag wird es wolkig.	Ausgehend von den Schultern über die beiden Arme streicheln.
Freitag wird es wieder windig.“	Auf die Hände und die Füße des Kindes pusten.

Abrakadabra! Was zaubere ich?

Bei dem folgenden Spiel lernen die Kinder kleine Naturmaterialien ganz bewusst wahrnehmen und so ganz nebenbei benennen.

Alter: ab 1,5 Jahren
Material: pro Kind 1 Alu-Kissen o. Ä., 1 kleines Jutesäckchen, 1 Zauberstab, jede Menge kleine Kostbarkeiten aus der Natur, wie z. B. Kieselsteine, Zapfen, Haselnüsse und Kastanien

Die Kinder sammeln in der Natur jede Menge kleine Naturmaterialien, von denen die Spielleitung heimlich ein paar in einen Jutesack steckt.

Die Kinder bilden einen Sitzkreis. Die Spielleitung holt sich einen Zauberstab und das Jutesäckchen. Sie stellt sich in die Kreismitte, schwingt den Zauberstab in der Luft und hält mit der anderen Hand das Jutesäckchen oben an der Öffnung fest. Dabei sagt sie laut:

„Abrakadabra! Was zaubere ich?
Hol du etwas raus, es ist nur für dich!"

Sie deutet auf ein beliebiges Kind, das zu ihr kommen und sich aus dem Sack etwas Schönes herausholen darf. Das Kind zeigt stolz, was es ergattert hat. Weiß das Kind, was es in den Händen hält? Falls nicht, löst die Spielleitung das Rätsel auf und das nächste Kind ist an der Reihe. Erst wenn alle Kinder jeweils ein Naturmaterial haben, legen sie diese direkt auf den Kissen vor ihren Füßen ab. Die Spielleitung bildet mit den Kindern einen geschlossenen Kreis und geht mit der Gruppe einmal ganz langsam im Uhrzeigersinn um die Naturmaterialien herum. Auf diese Weise können die Kinder alle Materialien in aller Ruhe betrachten. Am Ende darf jedes Kind eines der Naturmaterialien mit nach Hause nehmen.

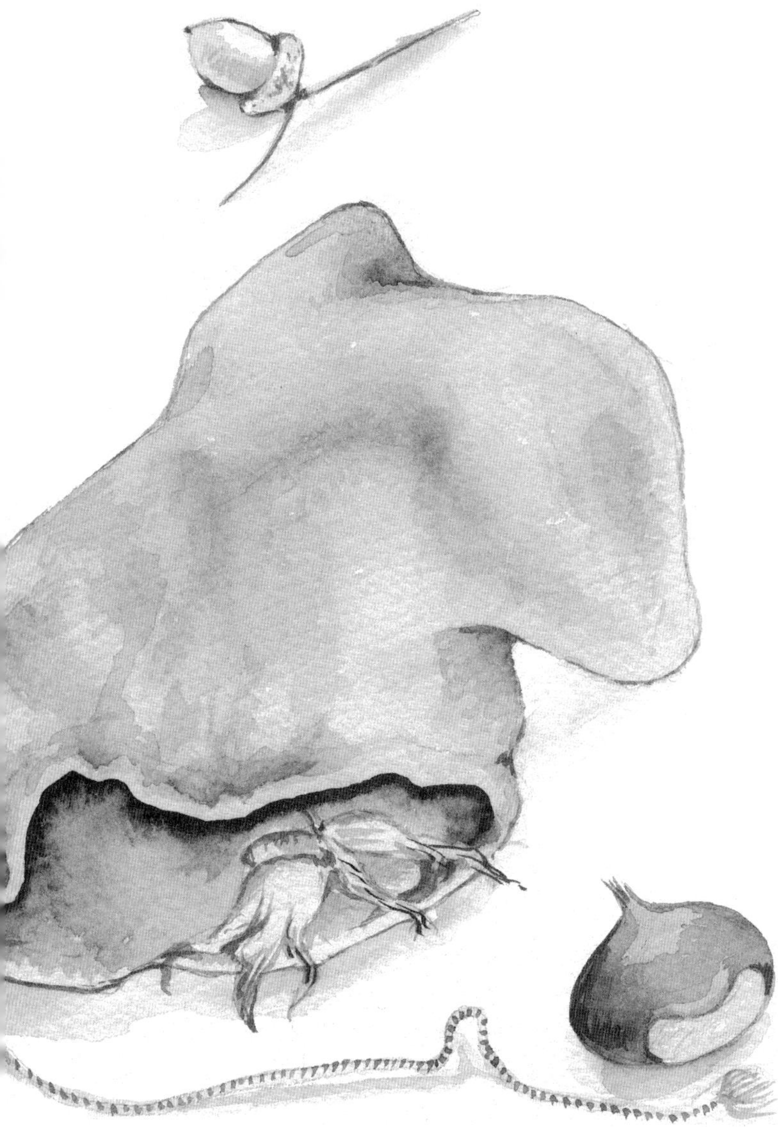

Stille Naturbetrachtung

Im Folgenden lernen die Kinder ganz bewusst die Naturmaterialien kennen und wahrnehmen, die sie gerade draußen finden können. Zudem üben sie, sich ganz leise zu verhalten und dabei auch in Ruhe zu genießen.

Alter: ab 2,5 Jahren
Material: jede Menge kleine Naturmaterialien, 1 leerer Korb, pro Kind 1 Alu-Kissen, 1 Gymnastikreifen

Die Kinder sammeln in der Natur ein paar Naturmaterialien, wie z. B. Pflanzenblätter, Baumrinde, Moos, Kieselsteine und Blüten, die sie allesamt in einen Korb legen.
Die Gruppe setzt sich im Kreis auf Kissen. Die Spielleitung legt den Reifen in die Kreismitte und stellt den Korb direkt daneben. Die Kinder gehen der Reihe nach entweder alleine oder Hand

in Hand mit der Spielleitung zum Korb, nehmen sich jeweils zwei bis drei Naturmaterialien und legen diese in den Reifen.
Die Kinder setzen sich dann wieder auf ihre Kissen. Wer schafft es wohl, einmal stillschweigend um den Reifen herumzugehen und dabei die Naturmaterialien zu betrachten? Die Spielleitung ruft ganz leise die einzelnen Kinder auf, die sich sofort auf den Weg machen.
Erst wenn alle Kinder an der Reihe gewesen sind, ist das Spiel aus.

Variante ab 2 Jahren

Das Spiel verläuft zunächst so, wie oben beschrieben. Wurden alle Naturmaterialien in den Reifen gelegt, geben sie sich gegenseitig die Hände und gehen einmal links und schließlich rechts herum im Kreis, um die Naturmaterialien im Reifen in Augenschein zu nehmen.
Dabei macht die Spielleitung mit, die auch das Tempo, das nicht zu schnell sein darf, bestimmt.

Verabschiedung der Waldtiere

Alter: ab 2 Jahren
Material: pro Kind 1 Lammfell o. Ä.

Immer ein Kind liegt mit dem Rücken auf einem Lammfell oder einer anderen weichen Unterlagen neben einem Erwachsenen. Die Spielleitung kniet sich direkt neben das Kind, spricht folgenden Text und massiert ebenfalls ein liegendes Kind:

„Ein kleines Waldtier kann ich sehen. Es ist ein Igel! Auf Wiedersehen!	Die flache Hand im Uhrzeigersinn auf dem Rücken bewegen.
Ein großes Waldtier kann ich sehen. Es ist ein Reh! Auf Wiedersehen!	Mit dem Zeige- und Mittelfinger auf dem Rücken spazieren gehen.
Ein kleines Waldtier kann ich sehen. Es ist eine Schnecke! Auf Wiedersehen!	Die flachen Hände kreisförmig über die Schultern bewegen.
Noch ein großes Waldtier kann ich sehen. Nein! Das bist du! Auf Wiedersehen!“	Mit der Hand sanft über den Kopf des Kindes streicheln und es wecken.

Spot an auf den Baum!

Das folgende Spiel bietet sich besonders an einem trüben dunklen Herbst- oder Wintertag und bei einem Spaziergang in der freien Natur an.

Alter: ab 2,5 Jahren
Material: verschiedene Naturmaterialien, 1 große Taschenlampe

Die Spielleitung macht mit den Kindern einen Spaziergang. Dabei bleibt sie immer wieder mit der Gruppe stehen, um so manches Schöne aus der Natur ganz bewusst in Augenschein zu nehmen. Sie benennt einen Naturgegenstand, wie z. B. einen Baum, schaltet die Taschenlampe ein und lässt den Lichtkegel gezielt auf den Gegenstand scheinen. Die Kinder bleiben stehen, konzentrieren sich auf den Naturgegenstand und sehen sich zwei bis drei Merkmale genauer an, die die Spielleitung benennt. Bevor die Spielleitung das Spiel mit einem neuen Naturgegenstand auf die gleiche Art fortsetzt, können sie den Naturgegenstand abtasten und daran riechen.
Danach führt sie das Spiel auf die gleiche Art mit einem anderen Naturgegenstand durch.

Sandbad

Alter: ab 3 Monaten
Material: 1 Sandkiste und 1 Leintuch

Die Gruppe setzt sich auf den Sandkastenrand. Die Erwachsenen nehmen die Allerkleinsten auf den Schoß oder lassen ihre Köpfchen an ihren Schultern ruhen (➜ S. 10 „An der Schulter“).
Die Spielleitung breitet im Sandkasten ein großes Leintuch aus.
Ein beliebiges Kind legt sich mit dem Rücken auf das Leintuch oder wird von einem Erwachsenen

mit dem Rücken auf das Leintuch gelegt. Dadurch, dass das Leintuch recht dünn ist, spürt es den Sand gut unter seinem Körper. Die Spielleitung bittet nun eines von den älteren Kindern, eine Handvoll Sand über den Körper, jedoch nicht den Kopf des Kindes, rieseln zu lassen. Das Kind kniet sich neben das liegende Kind und erfüllt die Aufgabe. Das liegende Kind genießt sein Sandbad. Die Spielleitung fragt es, falls es schon antworten kann, ob der Sand weich oder hart, schwer oder leicht ist. Nach einer ausführlichen Sanddusche tauscht es dann seinen Platz mit einem anderen Kind und eine neue Spielrunde beginnt.
Das Spiel ist beendet, wenn alle Kinder einmal ein Sandbad nehmen konnten.

Stein im Schuh?

Alter: ab 2,5 Jahren
Material: pro Kind 1 Kissen und 1 Kieselstein; evtl. jede Menge weiterer Naturmaterialien, wie z. B. Zapfen, Eicheln und Haselnüsse

Die Kinder sammeln draußen eifrig kleine Kieselsteine und gegebenenfalls noch andere kleine Schätze aus der Natur.
Zurück in der Einrichtung ziehen die Kinder ihre Schuhe aus. Die Spielleitung bildet mit den Schuhen einen Kreis und legt heimlich entweder in den linken oder rechten Schuh eines jeden Kindes einen Kieselstein.
Jedes Kind setzt sich hinter seine Schuhe. Die Spielleitung möchte nun von jedem Kind wissen, in welchem seiner beiden Schuhe sich ein Kieselstein befindet. Die Kinder ziehen ihre linken und rechten Schuhe nacheinander an und prüfen, ob sie einen Stein im Schuh spüren.
Der Reihe nach zeigen sie auf den vermuteten Schuh, den sie zur Kontrolle ausziehen und umdrehen. Bei welchem Schuh eines jeden Paares Schuhe wird wohl ein Kieselstein aus dem Schuh fallen?

Variante ab 2 Jahren

Die Spielleitung steckt in jedes Paar Schuhe jeweils ein kleines Naturmaterial. Die Kinder setzen sich vor ihre Schuhe und holen die Sachen heraus, die sie betrachten, abtasten und den anderen Kindern aus der Gruppe zeigen. Die Spielleitung gibt auch Ideen vor, indem sie z. B. mit einem Blatt den Arm eines Kindes streichelt, mit einer Kastanie die beiden Fußsohlen eines Kindes massiert oder einen Zapfen als Massageroller benutzt. Am Ende animiert sie die Kinder dazu, es mit ihren Gegenständen ebenso auszuprobieren.

Igel im Winterschlaf

Das folgende Spiel bietet sich besonders gut im Herbst an, wenn draußen die Blätter von den Bäumen fallen.

Alter: ab 2 Jahren
Material: jede Menge Naturmaterialien, 1 Postkarte o. Ä., auf der ein Igel abgebildet ist, pro Kind 1 Alu-Kissen o. Ä. und 1 Igelball, ein paar Wattebäusche, 1 Klangschale

Alle Kinder sammeln gemeinsam jede Menge Herbstblätter, Gras und Moos, die sie auf einem Haufen auftürmen. Drumherum bilden sie einen Sitzkreis und ziehen nach Möglichkeit ihre Schuhe und Strümpfe aus.
Die Spielleitung zeigt ihnen ein Bild, auf dem ein Igel abgebildet ist. Was mag er wohl alles fressen? Die Spielleitung erzählt den Kindern, dass sich im Herbst die kleinen Igel auf ihren

Winterschlaf vorbereiten. Sie suchen überall nach Insekten und Würmern und manchmal auch nach Früchten. Die Spielleitung schmatzt gemeinsam mit den Kindern und reibt sich mit der rechten Hand im Uhrzeigersinn über den Bauch. Die Kinder ahmen alles nach.
Ist der Igel satt und kugelrund, sucht er sich ein Winterquartier, z. B. unter einer Hecke oder in einer Mulde. Er sammelt mit seinem Maul jede Menge Laub, Gras und Moos und polstert damit sein Nest aus. Reihum erhalten die Kinder einen Igelball von der Spielleitung, den sie mit ihren Füßen zu den Herbstblättern, dem Gras und Moos rollen. Nach der Fußmassage versteckt jedes Kind seinen Igelball unter den Naturmaterialien und setzt sich dann wieder auf seinen Ausgangsplatz zurück.

Erst wenn alle Kinder wieder im Kreis sitzen, stellt die Spielleitung sich vor die Naturmaterialien und lässt es schneien, indem sie ein paar weiße Wattebäusche auf den Haufen fallen lässt. Die Kinder stellen den Winterschlaf der Igel dar, indem sie leise schnarchen und gegebenenfalls ihre Augen schließen.
Sobald jedoch die Spielleitung die Klangschale erklingen lässt, kommt der Frühling. Reihum holen die Kinder wieder ihre Igelbälle unter den Naturmaterialien hervor und rollen sie vergnügt mit einem Fuß hin und her und kreuz und quer.

Auf der Wiese tummeln sich ...

Die Kinder ahmen die Fortbewegungsarten von Tieren nach und kommen so langsam zur Ruhe.

Alter: ab 2,5 Jahren
Material: pro Kind 1 Alu-Kissen o. Ä., 1 Klangschale, 5–6 Postkarten, Fotos o. Ä, auf denen jeweils ein Wiesentier abgebildet ist

Die Spielleitung bildet mit den Kindern auf einer Wiese einen Sitzkreis. Sie stellt eine Klangschale in die Mitte und legt die Postkarten verdeckt auf dem Boden aus. Sie nimmt eine Karte auf und zeigt allen die Abbildung, auf der z. B. eine Schnecke, ein Wurm oder ein Schmetterling zu sehen ist. Die Spielleitung stellt vom Platz aus das Tier pantomimisch dar. Sie betont, dass das Tier auf einmal sehr müde geworden ist und macht passend dazu die Bewegungsabläufe extrem langsam vor. Alle Kinder machen das Gesehene sofort nach. Dann teilt sie den Kindern mit, dass das Tier sich einen ruhigen Platz zum Ausruhen sucht. Die Kinder tauschen langsam ihre Plätze. Dort angekommen, knien sie sich auf den Boden.

Danach lässt die Spielleitung die Klangschale erklingen. Ist der Klang verklungen, sind alle wieder fit und munter.
Die Spielleitung eröffnet mit einem weiteren Tierbild eine neue Spielrunde.

Wir bauen ein Bett aus Holz

Alter: ab 2 Jahren
Material: jede Menge kleine Stöcke, mehrere Gymnastikseile, pro Kind 1 Kissen, 1 Lammfell o. Ä.

Die Kinder sammeln im Wald oder auf der Wiese jeweils drei kleine Stöcke. In der Einrichtung legt die Spielleitung ein Rechteck aus Seilen auf dem Boden aus, das Platz für ein Lammfell bietet.

Ein beliebiges Kind legt sich mit dem Rücken in das Rechteck auf das Lammfell. Die anderen Kinder bilden einen Kreis aus Kissen um das Rechteck. Der Reihe nach legen sie jeweils einen Stock entlang der Seile. Es entsteht allmählich ein „Bett aus Holz". Damit das jedoch gut gelingt, muss das Kind ruhig liegen bleiben.
Sind alle Stöcke angelegt, steht das Kind langsam auf, möglichst ohne die Seile und Stöcke zu berühren. Es tauscht mit einem anderen Kind den Platz und ein anderes Kind nimmt seine Position ein.
In der nächsten Spielrunde legen alle Kinder erneut einen Stock entlang der Seile ab. Nach drei Durchgängen ist das Spiel beendet.

Traumhafter Herbstwald

Nr. 5 „Waldimpressionen"

Das folgende Entspannungsangebot bietet sich besonders gut in der Herbstzeit an, bei dem die älteren Kinder so ganz nebenbei etwas darüber erfahren, was gerade draußen in der Natur geschieht.

Alter: ab 3 Monaten
Material: pro Kind 1 Lammfell o. Ä. und 1 Pflanzenblatt, Entspannungsmusik, CD-Player

Bei einem Aufenthalt in der freien Natur sammelt die Spielleitung gemeinsam mit den älteren Kindern Blätter und bringt sie in die Einrichtung. Die Kinder legen sich mit dem Rücken auf jeweils ein Lammfell und schließen, falls sie möchten, ihre Augen. Vor dem Lammfell kniet jeweils ein Erwachsener. Neben sich legt er ein Herbstblatt.
Die Spielleitung spielt die Entspannungsmusik leise ab. Die Kinder ruhen sich zum Gezwitscher der Vögel aus. Dabei streicheln die Erwachsenen mit dem Herbstblatt z. B. sanft die Arme und die Schultern der Kinder. Ist das Musikstück beendet, öffnen die Kinder ihre Augen. Die älteren Kinder ballen ihre Fäuste, recken und strecken sich und stehen langsam – am besten über die Seitenlage – auf.

Laubblatt-Betrachtung

Das Spiel eignet sich besonders gut für schöne warme Herbsttage im Wald, an denen die Kinder die Farbenpracht der bunten Herbstblätter genießen können.

Alter: ab 2,5 Jahren
Material: pro Kind 1 Alu-Kissen o. Ä. und 1 großes Blatt von einem Baum, Handtrommel

Die Spielleitung sucht einen Laubbaum aus, um den die Kinder gut einen Kreis aus Kissen bilden können.

Die Kinder sitzen auf Kissen um den Baum herum und holen sich der Reihe nach ein auf dem Boden liegendes Blatt des Laubbaums, das sie ausgiebig betrachten und abtasten. Nachdem sich jedes Kind sein Blatt eine Weile angeschaut hat, legen sie diese auf ihr Kissen und stellen sich davor auf. Sie geben sich gegenseitig die Hände und gehen zu jedem Trommelschlag ein Kissen nach links im Kreis herum. Dabei betrachten sie die einzelnen Blätter, die allesamt von dem gleichen Laubbaum stammen und einzigartig sind.
Am Schluss bleiben sie vor ihrem eigenen Blatt stehen und lassen den Kreis aus Blättern noch einmal auf sich wirken. Zur Erinnerung darf jedes Kind sein Pflanzenblatt mit nach Hause nehmen.

Sandförmchen-Mandala

Das unten aufgeführte Entspannungsangebot bietet sich besonders gut an einem warmen Sommertag im Sandkasten an. Der Sand hilft den Kindern dabei, sich die in der Geschichte erzählte Strandlandschaft vorzustellen.

Alter: ab 1,5 Jahren
Material: Sandkasten, jede Menge Sandförmchen und Muscheln, 1 Poster o. Ä, auf dem Meeresbewohner abgebildet sind, 1 Ocean-Drum

Alle Kinder sitzen auf dem Sandkastenrand. Die Spielleitung legt parallel zwei Ringe aus Sandförmchen aus. Den Zwischenraum füllen die Kinder der Reihe nach mit Muscheln. Es folgt ein dritter Ring aus Sandförmchen, dessen Zwischenraum sie ebenfalls mit Muscheln füllen.
Ist das Mandala fertig, setzen sich alle um das Mandala. Die Spielleitung lässt die Ocean-Drum erklingen. Ist der Klang verklungen, zeigt sie den Kindern ein Bild, auf dem Meeresbewohner, wie z. B. Fische und Seesterne, zu sehen sind. Damit die Kinder aufmerksam zuhören, lässt sie hin und wieder die Ocean-Drum erklingen, die wie das Meeresrauschen klingt.
Zum Schluss gehen alle noch einmal um das Mandala herum und suchen sich nacheinander eine Muschel aus, die sie zur Erinnerung mit nach Hause nehmen.

Natur-Detektive

Alter: ab 2,5 Jahren
Material: verschiedene Naturmaterialien in der Anzahl der Kinder in doppelter Ausfertigung, wie z. B. Kastanien, Eicheln, Kieselsteine und Tannennadeln

Alle Kinder stehen im Kreis. Sie erhalten mit Ausnahme von einem von der Spielleitung jeweils ein Naturmaterial, das sie gut sichtbar in der Hand halten. Die Spielleitung hat die gleichen Naturmaterialien, die sie in der Gruppe verteilt hat. Das Kind ohne Gegenstand schaut sich in aller Ruhe die einzelnen Naturmaterialien an. Auf ein Kommando der Spielleitung hin ballen alle Kinder die Fäuste, sodass die einzelnen Naturmaterialien in den Fäusten verschwinden und nicht mehr zu sehen sind. Die Spielleitung zeigt und benennt dem Kind eines der Naturmaterialien. Das Kind macht sich auf die Suche nach dem Naturmaterial. Es deutet auf ein Kind in der Runde, von dem es glaubt, dass es das betreffende Naturmaterial in den Händen hält. Zur Kontrolle öffnet das Kind seine Hände.
Wurde das Rätsel geknackt, tauschen beide ihre Plätze. Ansonsten macht sich das Kind so lange weiter auf die Suche, bis es das betreffende Naturmaterial gefunden hat.

Tiergeräusche im Wald

Nr. 5 „Waldimpressionen“

Alter: ab 1,5 Jahren
Material: Entspannungsmusik

Die Spielleitung führt die Gruppe durch den imaginären Wald im Gruppenraum. Sie schaltet die Entspannungsmusik ein, bei der zunächst das Vogelgezwitscher zu hören ist. Sie bleibt mit der Gruppe stehen, um den Vogelgesang intensiv wahrzunehmen. Wissen die Kinder, dass es sich hier um Vögel handelt?
Nach einer Weile wird der Vogelgesang ausgeblendet und es folgt die Entspannungsmusik, zu deren Melodie die Spielleitung gemeinsam mit den Kindern durch den „Wald wandert“. Nach einer Weile bleibt sie stehen, um ein beliebiges Tiergeräusch nachzuahmen. Das kann z. B. eine summende Biene, eine piepsende Maus, ein klopfender Specht oder vielleicht ein röhrender Hirsch sein. Hat eines der Kinder das Tiergeräusch erraten, setzt sie mit allen den Spaziergang fort. Beim nächsten Stopp ist dann das nächste Tiergeräusch an der Reihe. Falls die Kinder das Tiergeräusch nicht erraten, löst die Spielleitung das Rätsel selbst auf, sodass die Gruppe nicht zu lange stehen bleiben muss.
Der Spaziergang ist beendet, sobald das Vogelgezwitscher wieder auf der CD zu hören ist.

Schnecken-Meditation

Alter: ab 2,5 Jahren
Material: 1 Gymnastikseil, 1 Stück Baumrinde, jede Menge kleine Kieselsteine, 1 leerer Korb, 1 Handtrommel

Die Spielleitung legt das Seil spiralförmig auf dem Boden aus, welches das Schneckenhaus darstellt. Die Baumrinde benutzt sie als Schneckenkopf und platziert sie unterhalb vom Schneckenhaus. Die Kinder sammeln derweil jede Menge kleine Kieselsteine, die sie in den Korb legen.
Alle versammeln sich um die Schnecke. Die Kinder holen der Reihe nach je einen Kieselstein aus dem Korb und füllen ausgehend von der Mitte die Zwischenräume des „Schneckengehäuses“ mit Steinen auf. Das wiederholen sie so lange, bis das Schneckenhaus aus Stein fertiggestellt ist.
Die Spielleitung reibt mit den Fingerspitzen sanft über die Trommel. Alle Kinder kriechen auf allen Vieren wie die Schnecken um das „Schneckenhaus“ herum. Da sich Schnecken extrem langsam bewegen, können sie unterwegs ihr Kunstwerk von allen Seiten in aller Ruhe begutachten.
Stoppt das Trommelgeräusch, setzen sich alle Kinder auf den Boden. Wer möchte, kann zum Abschluss das Schneckenhaus abtasten und so die Steine, die alle einzigartig sind, ganz intensiv wahrnehmen.

Wer klopft denn da?

Alter: ab 3 Monaten
Material: pro Kind 1 Lammfell

Die Kinder liegen mit dem Bauch auf dem Lammfell, vor dem jeweils ein Erwachsener kniet. Die Spielleitung liest den nachfolgenden Text vor und die Erwachsenen führen die Massage wie beschrieben durch:

„Wer klopft denn da? (2 ×) Es ist ein Specht. Und wer kommt dann?	Mit den Fingerspitzen behutsam auf die Schultern und Arme klopfen.
Es kriecht ganz langsam um die Ecke. Es ist eine ganz kleine Schnecke.	Mit der Hand im Uhrzeigersinn den Bauch des Kindes massieren.
Und wer läuft leise auf dem Klee? Es ist ein kleines süßes Reh!	Mit zwei Fingern über die Schultern und Arme spazieren gehen.
Ist die Tiergeschichte aus, ruhst du dich noch etwas aus."	Mit der Hand behutsam über den Kopf streicheln.

Riesen-Regen-Schneckenspaß

Alter: ab 2,5 Jahren
Material: pro Kind 1 Wolldecke o. Ä. und 1 Lammfell, 1 Regenmacher, 1 Klangschale

Alle Kinder verteilen sich auf einem überschaubaren Spielfeld und erhalten von der Spielleitung jeweils eine Wolldecke.
Sie knien sich auf ein Lammfell auf den Boden und verstecken sich unter der Decke. Die Spielleitung holt sich einen Regenmacher, den sie langsam umdreht. Das Regengeräusch gefällt den Schnecken-Kindern und lockt sie aus ihrem Häuschen bzw. unter ihrer Decke hervor. Dementsprechend hebt jedes Schnecken-Kind seine Decke etwas an. Alle Schnecken-Kinder schauen mit ihrem Kopf hervor. Sobald jedoch die Klangschale erklingt, scheint die Sonne. Die Schnecken-Kinder ziehen sich in ihr Schneckenhäuschen zurück bzw. stülpen die Decke wieder über ihren Kopf und machen es sich auf ihrem Lammfell bequem. Sie kommen erst wieder hervor, sobald es regnet.
Das Spiel endet nach einigen Durchgängen.

Variante ab 1,5 Jahren

Immer ein Erwachsener kniet vor einem Kind. Beide befinden sich in einem Schneckenhaus bzw. unter einer Decke und machen mit.

Naturtastdecke

Alter: ab 2,5 Jahren
Material: 1 Wolldecke, jede Menge Naturmaterialien, wie z. B. Stöcke, Baumrinde, Zweige, Moos, Zapfen und Pflanzenblätter

Die Spielleitung sammelt mit den Kindern einige Naturmaterialien, die sie allesamt auf einer ausgebreiteten Wolldecke auslegen.
Die Kinder erkunden die Naturmaterialien auf der Decke in aller Ruhe, indem sie auf der Decke spazieren gehen. Sie bleiben immer wieder stehen und bücken sich nach den einzelnen Naturmaterialien, um sie abzutasten.
In der zweiten Spielrunde ziehen sie ihre Schuhe und Strümpfe aus, gehen auf der Decke spazieren und nehmen dabei alles unter ihren Füßen intensiv wahr.
Am Schluss wählt jedes Kind das Naturmaterial aus, das ihm am besten gefallen und sich nach seiner Meinung besonders gut angefühlt hat.

Variante ab 1 Jahr

Auf die Decke legt die Spielleitung z. B. ein paar Baumrinden. Die Kinder krabbeln auf die Decke und erkunden die Naturmaterialien. Dabei passt die Spielleitung auf, dass sie nichts in den Mund nehmen.
In der nächsten Spielrunde legt sie ein paar Zapfen und Pflanzenblätter dazu, welche die Kinder wieder auf allen Vieren erkunden.

Blätter-KönigIn

Alter: ab 2,5 Jahren
Material: pro Kind 1 großes Blatt

Alle Kinder sitzen im Stuhlkreis und bekommen von der Spielleitung jeweils ein großes Blatt auf den Kopf gelegt. Wer schafft es, mit dem Blatt auf dem Kopf zwölf Sekunden still zu sitzen, ohne dass es herunterfällt? Die Spielleitung zählt bis zwölf. Diejenigen Kinder, die ihr Blatt am Ende noch auf dem Kopf liegen haben, sind die Blätter-KönigInnen.
Falls nicht alle Kinder ein Erfolgserlebnis haben, wiederholen sie das Spiel gleich noch einmal. Jetzt dauert es aber nur noch sechs Sekunden.

Variante

Alle KönigInnen sitzen im Stuhlkreis und haben jeweils ein Blatt auf dem Kopf liegen. Immer zwei Kinder, welche die Spielleitung benennt, wechseln ihren Thron bzw. Platz. Wer schafft das, ohne dass das Blatt vom Kopf fällt? Unabhängig davon, ob die Kinder erfolgreich waren oder nicht, sind die nächsten Kinder an der Reihe.

Schnecken-Kreis

Alter: ab 2 Jahren
Material: pro Kind 1 großes Pflanzenblatt, 1 Handtrommel

Jedes Kind sucht ein großes Blatt im Freien.
Alle Kinder bilden einen großen Kreis und legen ihre Blätter direkt vor sich auf den Boden.
Die Spielleitung reibt ganz langsam kreisförmig mit den Fingerspitzen über die Trommel. Alle Kinder krabbeln genauso langsam im Uhrzeigersinn im Kreis herum. Sie spielen Schnecken und halten erst an, wenn das Trommelgeräusch aufhört.

Jedes Schnecken-Kind wendet sich dem Blatt zu, das gerade neben ihm liegt. Die Kinder tun so, als ob sie vom Blatt kosten würden. Sobald das Trommelgeräusch erneut ertönt, geht´s satt und munter wieder auf allen Vieren links im Kreis herum.
Nach ein paar Durchgängen ist das Schneckenspiel im Kreis beendet.

Pullover aus Blättern

Das folgende Entspannungsspiel, bei dem die Kinder so ganz nebenbei die Entspannungshaltung im Liegen kennenlernen, bietet sich im Herbst besonders gut an, da es dann viele schöne bunte Blätter gibt.

Alter: ab 2,5 Jahren
Material: 1 Kiste mit jeder Menge Blätter, 1 Lammfell oder 1 Isomatte

Die Spielleitung sammelt mit den Kindern z. B. im Außengelände der Einrichtung oder in einem nahegelegenen Waldstück jede Menge Herbstblätter, die sie in der Einrichtung trocknen und pressen.

Alle Kinder kommen im Spielkreis zusammen. In der Kreismitte platziert die Spielleitung ein Lammfell oder, falls das Spiel draußen stattfindet, eine Isomatte, auf das/die sich ein beliebiges Kind mit dem Rücken legt. Die Arme sind leicht angewinkelt. Die Handflächen zeigen nach innen oder außen. Die Beine sind leicht gespreizt und die Fußspitzen können zur Seite fallen. Die Spielleitung stellt eine Kiste mit Blättern neben das liegende Kind.
In dieser Position wünscht sich das Kind entweder einen Pullover oder eine Hose aus Blättern. Die übrigen Kinder platzieren der Reihe nach je ein Blatt auf den entsprechenden Körperteil des Kindes. Dies machen sie so lange, bis es entweder einen Pullover oder eine Hose aus Blättern trägt.

Variante

Ein beliebiges Kind legt sich mit dem Rücken z. B. auf eine Isomatte.
Die übrigen Kinder bilden einen Kreis um die Decke und legen der Reihe nach ihre Blätter um das liegende Kind herum. Es entsteht ein Körperumriss aus Blättern. Das Kind steht dann vorsichtig auf und platziert mit den anderen Kindern die restlichen Blätter so auf dem Körperumriss, dass ein Pullover und eine Hose aus Blättern entstehen. Fertig ist das Blätter-Kind.

Den Tag ruhig ausklingen lassen

Der Tag in der Einrichtung sollte genauso entspannt ausklingen, wie er begonnen hat. Die Kinder möchten sich in aller Ruhe von der Gruppe und den ErzieherInnen verabschieden und ihren Heimweg antreten. Ruhig und entspannt sollten die Kinder im Übrigen auch kurz vor dem Mittagschlaf oder abends vor dem Zubettgehen sein. Auf diese Weise können Kinder viel schneller einschlafen und besonders gut durchschlafen.

Im letzten Kapitel werden nun eine Vielzahl an Entspannungsangeboten vorgestellt, die sich als

sanfte Einschlafhilfen insbesondere auch für eine Kindergruppe eignen. In diesem Zusammenhang werden auch kurze Geschichten und Verse zum Einschlafen vorgestellt, die durchaus immer wieder vorgelesen werden können. Besonders die Kleinsten in der Gruppe lieben und brauchen derartige Wiederholungen, die ihnen viel Sicherheit, Halt und Orientierung geben. Auf diese Weise können sie besonders gut einschlafen. Darüber hinaus gibt es zahlreiche ruhige Praxisideen zum „Tschüss!“ sagen, sodass die Kinder ganz gemütlich und entspannt ihren Heimweg antreten und sich auf den morgigen Tag freuen können.

Schlafenszeit für Schnecken-Kinder

Nr. 6 „Traumzeit“

Damit die Kinder kurz vor dem Betreten des Schlafraums bereits zur Ruhe kommen, eignet sich das folgende Spiel. Wird es regelmäßig wiederholt, kann daraus schnell ein schönes Ritual werden.

Alter: ab 1,5 Jahren
Material: 1 kleiner Korb mit ein paar Tierpostkarten, auf denen kleine Tiere abgebildet sind, die sich langsam bewegen und sehr leise sind, wie z. B. 1 Schnecke, 1 Raupe, 1 Käfer, Entspannungsmusik, CD-Player

Die Spielleitung hält einen Korb in den Händen, in dem sich ein paar verdeckte Tierpostkarten befinden. Ein beliebiges Kind fischt sich eine Karte heraus und dreht sie um. Die Kinder spielen nun das Tier, das auf der Karte abgebildet ist. Handelt es sich z. B. um eine Schnecke, dürfen alle Schnecken-Kinder ganz leise in Richtung Schlafraum kriechen. Beim Betreten des Raums schaltet die Spielleitung die Entspannungsmusik ein, die leise im Hintergrund erklingt. Die Schnecken-Kinder kriechen genauso leise in ihre Betten, decken sich zu und kommen so auf musikalische Weise allmählich zur Ruhe.
Danach kann die Spielleitung den Kindern eine Geschichte zum Einschlafen, wie z. B. „Mein Einschlaf-Teddy“ (→ S. 83), vorlesen.
Beim nächsten Mal spielen die Kinder kleine Krabbelkäfer.

Schlaf gut!

Alter: ab 3 Monaten
Material: 1 Fingerpüppchen

Die Spielleitung stülpt sich ein kleines Fingerpüppchen über den Finger und setzt sich zu dem Kind auf das Bett. Das Fingerpüppchen sagt zu dem Kind:

„Ein kleines Fingerpüppchen bin ich.
Ob ich müde bin, fragst du nun mich.
Ja, ganz ruhig und sehr müde bin ich.
Der Tag war bestimmt auch lang für dich.
Schlaf nun ein und träume gut
Das gibt Kraft und neuen Mut.“

Bei den letzten beiden Zeilen streichelt sie dem Kind mit dem Fingerpüppchen ganz behutsam über den Kopf, die Wangen und die Arme. Das ist sehr beruhigend und trägt dazu bei, dass das Kind besser ein- und durchschlafen kann.
Hinweis: Obwohl die Allerkleinsten den Text nicht verstehen, erfreuen sie sich an den Reimen und nicht zuletzt an dem Fingerpüppchen. Damit jedoch alle Kinder eine individuelle Zuwendung erhalten, wiederholt sie das Ganze bei jedem Kind.

Einschlafen mit Lamm & Co.

Nr. 6 „Traumzeit“

Für das folgende Spiel wird ein Handschuhtier benötigt. Es kann ein Lamm, ein Hase, eine Maus oder ein anderes kleines Tier zum Liebhaben sein.

Alter: ab 3 Monaten
Material: 1 Handschuhtier, wie z. B. ein Lamm, Entspannungsmusik, CD-Player

Das Kind liegt im Bett. Die Spielleitung schaltet die Entspannungsmusik ein, die leise im Hintergrund erklingt. Sie nimmt sich das Handschuhtier und setzt sich zu dem Kind auf die Bettkante. Es liegt mit dem Rücken auf dem Bett, damit es das Handschuhtier gut sehen kann. Sie wendet sich mit dem Handschuhtier dem Kind zu und sagt z. B.:

„Du liegst in deinem Bett und kannst noch nicht schlafen. Durch das Fenster in deinem Zimmer scheint der Mond. Am Abendhimmel funkeln wunderschöne Sterne. Eingekuschelt liegst du in deinem warmen Bett. Du fühlst dich wohl und bist ganz ruhig und entspannt.	Mit dem Handschuhtier mehrmals über den Kopf, die Schultern und Arme streicheln.
Du bist nun etwas müde und machst die Augen zu. Eingekuschelt liegst du in deinem warmen Bett und schläfst nun ein.“	Mit dem Handschuhtier so lange über den Kopf streicheln, bis das Kind so richtig müde wird und schließlich einschläft. Am Ende dem Kind leise *„Gute Nacht!“* ins Ohr flüstern.

Variante für den Mittagsschlaf

Die Spielleitung lässt die Entspannungsmusik leise im Hintergrund erklingen und holt sich ein Handschuhtier. Sie hebt das Handschuhtier für alle Kinder gut sichtbar in die Luft und sagt:

„Du liegst in deinem Bett und kannst noch nicht schlafen.
Die Sonne strahlt durch dein Fenster und tut gut.
In deinem Zimmer ist es ruhig und angenehm warm.
Eingekuschelt liegst du in deinem warmen Bett.
Du fühlst dich wohl und bist ganz ruhig und entspannt.

Mit dem Handschuhtier geht sie zu den einzelnen Kindern, um sie damit sanft über den Kopf zu streicheln.

Eingekuschelt liegst du in einem warmen Bett und schläfst ein."

Die Spielleitung flüstert leise *„Schlafe gut!"*

Wer ist alles müde?

Nr. 6 „Traumzeit"

Alter: ab 1,5 Jahren
Material: 1 Taschenlampe, Entspannungsmusik, CD-Player

Die Kinder sitzen auf ihren Betten. Die Spielleitung holt sich eine Taschenlampe und lässt, falls die Kinder sehr unruhig sind, die Entspannungsmusik leise im Hintergrund laufen. Sie sagt:

„Du sitzt in deinem warmen Bett und schaust dich im Raum etwas um!"

Die Spielleitung schaltet die Taschenlampe ein und scheint der Reihe nach langsam und ganz gezielt auf verschiedene Sachen im Raum, wie z. B. auf einen Teddybär, eine Puppe und eine Topfpflanze. Sie benennt die Sachen und sagt:

„Teddy, Puppe und die Pflanze [usw.] sind ganz ruhig, entspannt und müde. Sie wollen schlafen.
Sie alle sind ganz ruhig, entspannt und müde.
Sie wollen schlafen.
Auch du bist müde und legst dich hin.
Du bist ganz ruhig und entspannt.
Du kuschelst dich in deine weiche Bettdecke ein und bist jetzt ganz müde.
Du machst deine Augen zu und schläfst ein."

Die Spielleitung schaltet die Taschenlampe aus und wünscht allen Kindern einen schönen Traum.

Eine(r) am Himmel wacht

Alter: ab 1,5 Jahren
Material: 1 Glockenspiel

Alle Kinder liegen in ihren Betten. Die Spielleitung schlägt kurz hintereinander ein paar Töne auf dem Glockenspiel an, um die Aufmerksamkeit der Kinder auf sich zu lenken. Die Spielleitung erzählt die folgende Geschichte zum Einschlafen:

„Die Sterne funkeln in der Nacht.
Einer jedoch am Himmel wacht.
Es kann ja nur der Mond sein.
Er lädt dich zum Träumen ein.
Deck dich zu und schlaf gut ein.
Bald wirst du im Traumland sein."

Variante für den Mittagsschlaf

Die Spielleitung schlägt ein paar Töne des Glockenspiels an und sagt:

„Die warme Sonne scheint und lacht,
eine jedoch am Himmel wacht.
Das kann nur die Sonne sein.
Sie lädt dich zum Träumen ein.
Deck dich zu und schlaf gut ein.
Bald wirst du im Traumland sein."

Mein Einschlaf-Teddy

Alter: ab 2 Jahren
Material: pro Kind 1 Kuscheltier, wie z. B. 1 Teddy

Während alle Kinder unter ihre warme, weiche Bettdecke schlüpfen, holt die Spielleitung einen Teddybär, den sie zunächst zur Seite legt. Sie erzählt den Kindern dann die folgende Geschichte:

„Sebastian liegt in seinem Bett und kann einfach nicht einschlafen.
Er dreht sich unaufhörlich von der einen auf die andere Seite.
Er ruft nach seiner Mama, die in das Kinderzimmer eilt.
Er weint und schluchzt laut: ‚Ich kann einfach nicht einschlafen!'
Die Mama schaut sich um und sagt laut: ‚Ich glaube, du hast etwas vergessen!'"

Die Spielleitung holt den Teddy, den sie allen Kindern zeigt.

„‚Schau mal, wen ich gerade gefunden habe'.
Sebastian lacht und ruft laut: ‚Mein Teddy!'
Die Mama drückt Sebastian den weichen Teddy in den Arm.
Sebastian deckt Teddy zu und freut sich, dass Teddy nun bei ihm ist.
Die Mama gibt Sebastian und Teddy noch einen dicken Gute-Nacht-Kuss."

Die Spielleitung fragt die Kinder nun, ob sie auch ein Kuscheltier zum Einschlafen brauchen. Liebevoll legt sie den betreffenden Kindern jeweils ein Kuscheltier ins Bett. Danach gähnt sie leise vor sich hin und sagt:

„Schlaft gut und träumt etwas Schönes!"

Wo schlafen die Tiere?

Alter: ab 1 Jahr
Material: 4–5 Plüschtiere (z. B. 1 Hund, 1 Katze, 1 Maus, 1 Schaf), 1 leeres Körbchen, 1 Stuhl

Die Kinder setzen sich auf ihre Betten. Die Spielleitung holt ein leeres Körbchen sowie ein paar Tiere aus Plüsch und fragt die Kinder:

„Wo schlafen die Tiere besonders gut ein?

Der Hund macht ‚Wau, wau!', läuft in seine Hundehütte und schläft ein.	Die Spielleitung hebt einen Hund aus Plüsch in die Luft und legt ihn ins Körbchen.
Die Katze macht ‚Miau, miau!', springt in das Katzenkörbchen und schläft ein.	Die Spielleitung hebt eine Katze aus Plüsch in die Luft und legt sie ebenfalls ins Körbchen.
Die Maus macht ‚Piep, piep!', läuft ins Mauseloch und schläft ein.	Die Spielleitung hebt die Maus aus Plüsch in die Luft und lässt sie in der Hosentasche oder unter dem Pullover verschwinden.
Das Schaf macht ‚Mäh, mäh!', läuft in den Stall und schläft ein.	Die Spielleitung hebt das Schaf aus Plüsch in die Luft und legt es unter einen Stuhl oder Tisch.

Und wo schläfst du? Du gähnst und legst dich ins Bett. Du bist ganz ruhig und entspannt. Schlaf gut und träume schön!"

Den Mond und die Sterne …

Alter: ab 1 Jahr

Das Kind liegt mit dem Rücken auf dem Bett. Die Spielleitung sitzt auf der Bettkante, spricht folgenden Text und massiert das Kind wie beschrieben:

„Den Mond und die Sterne, die haben wir gerne.	Mit der flachen Hand kreisförmig über die Schultern streicheln.
In der Nacht leuchten sie herunter und machen die Nachttiere munter.	Mit dem Zeige- und Mittelfinger auf dem Rücken spazieren gehen.
Du legst dich nun zur Ruh und deckst dich gleich zu.	Ausgehend von den Schultern entlang der Wirbelsäule den Rücken hinab streicheln.
Morgen bist du wieder fit und munter. Die Sonne macht die Welt gleich viel bunter."	Mit der flachen Hand kreisförmig über die Schultern streicheln.

Teddys Körperpflege

Alter: ab 1,5 Jahren
Material: 1 Teddy aus Plüsch, 1 Waschlappen, 1 Zahnbürste und Zahnpaste, 1 Kamm, 1 kleine Wolldecke, 1 Puppenbett

Die Spielleitung holt sich einen Teddy aus Plüsch, einen Waschlappen, eine Zahnbürste, einen Kamm und eine kleine Wolldecke. Sie stellt sich vor die Betten der Kinder. Die Sachen liegen griffbereit direkt vor ihr, z. B. auf einem Stuhl. Die Kinder setzen sich auf ihre Betten. Die Spielleitung zeigt ihnen den Teddy und sagt:

„Weißt du, was Teddy vor dem Schlafengehen macht?

Die Zähne putzt er blitzblank und fein. Sie müssen sauber auch abends sein.	Die Spielleitung zeigt den Kindern die Zahnbürste und Zahnpasta.
Danach fängt er sich zu waschen an. Mit dem Waschlappen wäscht er sich dann.	Die Spielleitung zeigt den Kindern den Waschlappen.
Das Fell kämmt er mit einem großen Kamm. So glänzt es wie bei einem kleinen Lamm.	Die Spielleitung zeigt den Kindern den Kamm.
Auf die Toilette geht Teddy am Schluss. Von Mama-Bär gibt's einen dicken Kuss.	Die Spielleitung wirft dem Teddy einen Kuss zu.
Liegt er im Bett, macht er gleich die Augen zu. Und was macht Teddy jetzt genauso wie du?	Die Kinder legen sich ins Bett. Wer möchte, schließt seine Augen.
Ganz ruhig und entspannt legst du dich zur Ruh. Und ich decke Teddy und dich gleich zu."	Die Spielleitung wickelt den Teddy in die Wolldecke, sodass nur noch der Kopf hervorschaut. Sie legt ihn in ein Puppenbett.

Danach geht sie zu jedem Kind, um es zuzudecken, und wünscht ihm einen schönen Traum.

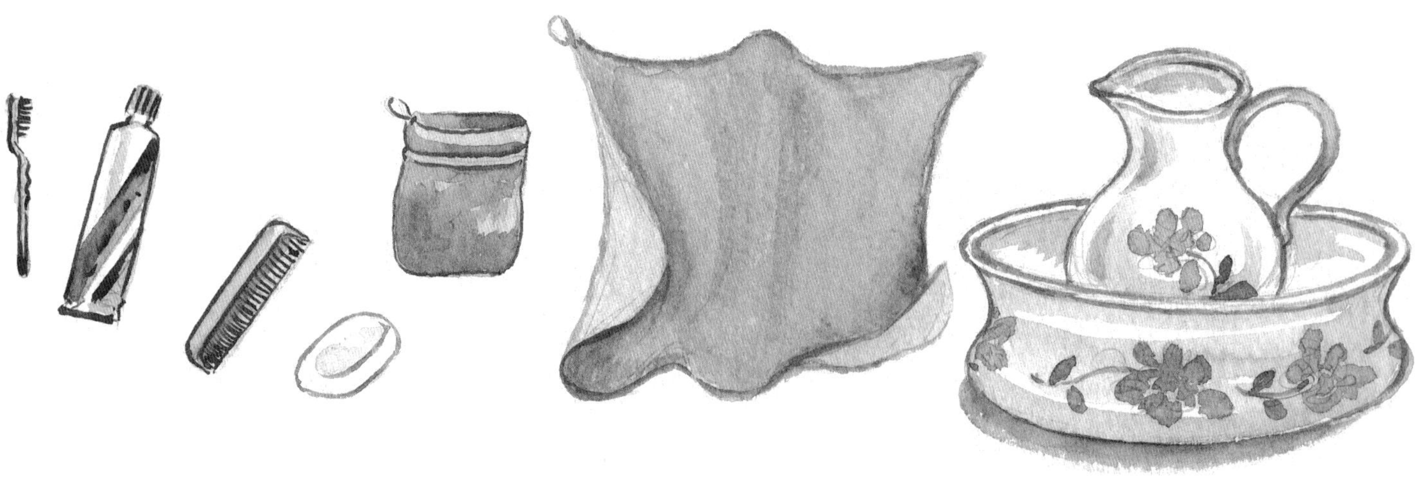

Ina im Wolkenbett

Nr. 6 „Traumzeit“

Alter: ab 2,5 Jahren
Material: 1 Puppe, 1 Fläschchen Seifenblasen, Entspannungsmusik, CD-Player

Die Spielleitung schaltet die Entspannungsmusik ein, die leise im Hintergrund erklingt. Sie holt sich eine Puppe, zeigt auf sie und erzählt den Kindern die folgende Einschlafgeschichte, die nun mit Musik untermalt ist:

„Das ist Ina. Es macht ihr Spaß, Seifenblasen zu pusten.
Sie sucht sich die größte aus, mit der sie gerne davon schweben möchte.
Im Traum ist alles möglich. Sie schließt die Augen und schon geht's los.
Ina setzt sich auf die Seifenblase und schwebt so aus dem Fenster in die Luft.
Sie fliegt in Richtung der weißen Wolken, die wie Schäfchen aussehen.
Dort oben angekommen, sucht sie sich die allerschönste Wolke aus.
Ina lässt sich von der Seifenblase direkt auf eine weiche Wolke plumpsen.
Sie fühlt sich so richtig wohl in ihrem weichen Wolkenbett.
Sie ist ganz ruhig und entspannt und schläft schließlich ein.
Sie träumt einen schönen Traum.
Vielleicht möchtest auch du gerne im Wolkenbett liegen und träumen.
Damit du zu den Wolken gelangst, werde ich ein paar Seifenblasen zu dir pusten. Suche dir die größte aus und träume schön!“

Die Spielleitung pustet ein paar Seifenblasen zu den Kindern.

Das Einschlaf-Lied für den Hasen Felix

Alter: ab 2 Jahren
Material: 1 Hase aus Plüsch oder ein anderes Kuscheltier
Kinderlied: Schlaf, Kindlein, schlaf

Die Spielleitung hält einen Hasen aus Plüsch in der Hand und erzählt den Kindern folgende Geschichte:

„Das ist Hase Felix. Er kann einfach nicht einschlafen.
Er springt überall herum, bis er den Gesang der ErzieherIn aus dem Schlafraum hört."

Die Spielleitung singt den Kindern das Einschlaflied vor:

„Schlaf, Kindlein, schlaf.
Der Vater hüt´ die Schaf.
Die Mutter schüttelt's Bäumelein.
Herab fällt ein Träumelein.
Schlaf, Kindlein, schlaf.

Hase Felix gähnt und ist müde. Er läuft zu seinem Bau und legt sich zur Ruh.
Auch du bist jetzt ganz müde. Du deckst dich zu und schließt die Augen."

Die Spielleitung streichelt den einzelnen Kindern über den Kopf und wünscht ihnen schöne Träume.
Hinweis: Falls ein anderes Kuscheltier verwendet wird, muss der Text entsprechend umgewandelt werden.

Die Schnecke geht schlafen

Das folgende Spiel bietet sich sowohl kurz vor dem Mittagsschlaf als auch kurz vor dem nach Hause gehen hervorragend an.

Alter: ab 2 Jahren
Material: 1 Handtrommel

Die Kinder bilden einen großzügigen Kreis und knien sich dabei auf den Boden. Sie spielen Schnecken und machen sich ganz klein.
Das Spiel beginnt, sobald die Spielleitung mit ihren Fingerspitzen ganz langsam im Uhrzeigersinn über die Trommel streicht. Passend dazu kriechen die Schnecken-Kinder ganz langsam zur Kreismitte.
Kurz bevor die Kinder sich berühren können, setzt das Trommelspiel aus. Die Kinder halten inne, krabbeln, falls erforderlich, so lange aufeinander zu, bis sie sich gegenseitig mit ihren Fühlern bzw. Fingern berühren können, um sich entweder einen guten Mittagsschlaf zu wünschen oder sich voneinander ganz leise zu verabschieden.
Danach kriechen sie langsam wieder auf ihre Ausgangsposition zurück, stehen auf und verlassen den Kreis.

Variante

Kurz vor dem nach Hause gehen, tun die Kinder so, als ob sie eine Schnecke wären. Zum Rhythmus des langsamen Trommelspiels kriechen sie alle im Raum herum. Stoppt das Trommelspiel, sagt die Spielleitung laut:

*„Sind alle in ihrem Schneckenhaus
ist unsere Spielzeit leider schon aus!“*

Die Kinder machen sich ganz klein, indem sie den Kopf in Richtung Knie ziehen, und ziehen sich so in ihr Schneckenhaus zurück.

Abschieds-Blindekuh

Alter: ab 2,5 Jahren
Material: 1 Augenbinde

Alle Kinder außer einem stehen in einem engen Kreis beisammen. Ein Kind steht in der Kreismitte und lässt sich von der Spielleitung die Augen verbinden.
Das Kind geht nun blind so lange kreuz und quer im Kreis herum, bis es eines der Kinder im Kreis berührt. Dieses streckt ihm die Hand entgegen, sodass sich beide gegenseitig die Hände reichen können. Sie verabschieden sich voneinander. Weiß das Kind mit der Augenbinde auch, wie sein Partnerkind heißt? Zur Kontrolle nimmt es seine Augenbinde ab. Es tauscht mit dem Kind aus dem Spielkreis den Platz, das als Nächstes die Blindekuh spielt.
Hinweis: Falls das Kind keine Augenbinde tragen möchte, genügt es auch, wenn es seine Augen schließt. Auf diese Weise kann es jederzeit seine Augen öffnen, um sich im Kreis zu orientieren.

Wir sind die leise Vogelschar

Alter: ab 2,5 Jahren
Material: pro Kind 1 Kissen und 1 Feder,
1 großes Bild, auf dem ein Vogel abgebildet ist

Die Gruppe sitzt auf ihren Kissen im Kreis. Die Spielleitung teilt jedem Kind eine Feder aus und legt in die Kreismitte ein großes Bild, auf dem ein Vogel abgebildet ist.
Die Kinder gehen der Reihe nach zur Kreismitte und legen um das Bild herum ihre Federn. Sitzen alle Kinder wieder auf ihren Kissen im Kreis, verabschiedet die Spielleitung sich leise von der Gruppe. Dabei sagt sie laut:

*„Wir sind Vögel und fliegen leise nach Haus!
Auf Wiedersehen! Die Spielzeit ist nun aus!“*

Die Kinder stellen eine Vogelschar dar. Sie machen mit ihren Armen die Flugbewegungen der Vögel nach und verlassen so ganz leise den Kreis.

Mucksmäuschenstill

Bei dem folgenden Spiel dürfen die Kinder zunächst ihren Bewegungsdrang ausleben. Die Kinder werden dann wesentlich ruhiger und entspannter den Abschlusskreis verlassen.

Alter: ab 1,5 Jahren
Material: pro Kind 1 Kissen,
1 Handtrommel; evtl. 1 Tier aus Plüsch, wie
z. B. 1 Reh oder 1 Katze

Die Kinder bilden einen Sitzkreis. Sie stellen Mäuse dar. Zum Rhythmus des langsamen Trommelspiels krabbeln alle Mäuse-Kinder vergnügt in ihrem großen Mauseloch bzw. im Innenkreis herum. Das geht so lange, bis es für die Mäuse-Kinder allmählich Zeit wird, aus ihren Mäuselöchern zu krabbeln, um die Welt zu erkunden.
Die Spielleitung stoppt das Trommelspiel und ruft die Kinder leise der Reihe nach auf. Die Kinder krabbeln zwischen den Kissen aus dem Innenkreis heraus. Dabei müssen die Mäuse-Kinder mucksmäuschenstill sein.

Alle Kinder, die sich außerhalb des Sitzkreises befinden, können z. B. zur Garderobe krabbeln, um sich für den Heimweg bereit zu machen.

Variante ab 2,5 Jahren

Die Spielleitung zeigt den Kindern im Kreis ein Tier aus Plüsch, wie z. B. ein Reh. Die Kinder spielen ein Reh, das sich ganz leise verhält. Passend dazu können sie auf Zehenspitzen einmal im Uhrzeigersinn herumgehen und dann gemeinsam zur Garderobe gehen.
Am anderen Tag zeigt die Spielleitung den Kindern ein anderes Tier aus Plüsch, wie z. B. eine Katze, die auf Samtpfoten geht. Dementsprechend verlassen sie auf allen Vieren möglichst leise den Raum.
Dadurch, dass die Tierrollen immer wieder wechseln, wird das Spiel nie langweilig!

Die Sanduhr

Mithilfe einer Sanduhr können Kinder lernen, ganz stillzusitzen und die Ruhe zu genießen, bevor sie sich verabschieden und nach Hause gehen.

Alter: ab 2,5 Jahren
Material: 1 Sanduhr (1 Minute); evtl. 1 Klangschale

Die Kinder sitzen im Stuhlkreis beisammen. Die Spielleitung geht mit einer Sanduhr in die Kreismitte und sagt:

„Dreh ich die Sanduhr herum, ist bald unsere Spielzeit um.“

Die Spielleitung stellt die Sanduhr in der Kreismitte auf den Kopf, sodass der Sand auf den Boden rieselt. Liegt der ganze Sand auf dem Boden, sagt sie weiter:

„Unsere Spielzeit ist jetzt aus. Wir gehen vergnügt nach Haus!“

Die Kinder winken sich gegenseitig zu und verlassen den Spielkreis.

Variante ab 2 Jahren

Die Kinder gehen Hand in Hand im Uhrzeigersinn im Kreis herum und blicken dabei auf die umgedrehte Sanduhr, die in der Kreismitte steht. Sobald jedoch der ganze Sand auf dem Boden liegt, schlägt die Spielleitung die Klangschale an. Die Kinder bleiben stehen und warten ab, bis der Klang verklungen ist. Die Spielleitung verabschiedet sich von den Kindern, die nun ebenfalls *„Tschüss!“* sagen.

Klangvolle Abschiedsrunde

Alter: ab 2 Jahren
Material: 1 Triangel

Die Kinder sitzen im Stuhlkreis beisammen. Die Spielleitung holt sich die Triangel, sagt leise *„Tschüss!“* und lässt die Triangel erklingen. Ist der Klang verklungen, übergibt sie die Triangel demjenigen Kind, das links neben ihr steht. Sie verabschiedet sich von dem betreffenden Kind, das die Triangel entweder alleine oder mithilfe der Spielleitung erklingen lässt. Ist der Klang nicht mehr zu hören, gibt das Kind die Triangel nach links weiter und das Spiel wird wie beschrieben fortgesetzt. Ist die Triangel wieder bei der Spielleitung angekommen, ist das Spiel aus. Am Ende dürfen die Kinder die Spielleitung verabschieden, die schließlich noch einmal die Triangel anschlägt.

Variante ab 1 Jahr

Die Kinder sitzen im Stuhlkreis beisammen und schauen zu der Spielleitung, die in der Kreismitte steht und die Triangel anschlägt. Kaum ist der Ton verklungen, sagt sie laut:

„Hörst du den Klang, ist die Spielzeit leider schon aus.
Alle Mäuse-Kinder krabbeln leise nach Haus!“

Alle Kinder verlassen auf allen Vieren ganz leise den Kreis.

Wo ist deine Hand?

Alter: ab 2,5 Jahren
Material: 1 Augenbinde

Alle Kinder sitzen um einen Tisch herum. Mit Ausnahme von einem Kind strecken alle jeweils einen Arm zur Tischmitte aus und zwar so, dass die Hände die Tischplatte berühren. Währenddessen lässt das Kind sich von der Spielleitung die Augen verbinden.
Es tastet dann nach einer Hand. Kann es einem Kind die Hand geben, verabschiedet es sich leise von dem Kind und nimmt seine Augenbinde ab. Das betreffende Kind sagt ebenfalls *„Tschüss!“* und erhält als Nächstes die Augenbinde. Das Spiel beginnt von vorne.
Hinweis: Möchte das Kind keine Augenbinde tragen, schließt es einfach die Augen.

Abschiedsrunde

Alter: ab 3 Monaten
Material: 1 Gong o. Ä.

Alle stehen gemeinsam im Spielkreis. Die Allerkleinsten sind jeweils bei einem Erwachsenen auf dem Arm. Sie halten die Babys mit dem Rücken vor ihrer Brust (➜ S. 10 „Ein-Bein-Tragegriff"). Die Spielleitung holt sich einen Gong und stellt sich ebenfalls im Kreis auf. Sie eröffnet die Abschiedsrunde, indem sie den Gong anschlägt. Ist der Klang verklungen, bittet sie leise alle Kinder, die z. B. eine blaue Hose oder eine Brille tragen, einen Schritt nach vorne zu treten. Bei den Babys überprüfen die Erwachsenen die Kleidung und treten ggf. nach vorne. Diejenigen, die jetzt im Innenkreis stehen, sagen leise *„Tschüss!"*. Die Spielleitung schlägt erneut den Gong an. Ist der Klang verklungen, bittet sie alle, die z. B. braune Haare haben, einen Schritt nach vorne zu treten. Alle, die nun im Innenkreis stehen, sagen leise *„Tschüss!"*.
Das Spiel wird so lange fortgeführt, bis die Gruppe wieder beisammen im Kreis steht und nun von der Spielleitung verabschiedet wird.

Schlussrunde mit Handmassage

Alter: ab 2,5 Jahren

Alle Kinder sitzen auf ihren Kissen im Kreis. Die Spielleitung kniet sich direkt vor ein beliebiges Kind, das ihr seine beiden Arme entgegenstreckt und dabei beide Handfläche herzeigt. Mit jeweils einem Daumen macht die Spielleitung auf den Handflächen kleine kreisende Bewegungen, streicht dann sanft mit dem Daumen und Zeigefinger die einzelnen Finger bis hin zu den Fingerspitzen aus und sagt dabei:

„Bald ist unsere Spielzeit zu Ende.
Zum Schluss massiere ich deine Hände!"

Sie verabschiedet sich vom dem Kind und wendet sich einem anderen Kind zu, dem sie nun auf die gleiche Weise die Hände massiert.
Sind alle Kinder mithilfe der Handmassage verabschiedet worden, ist das Spiel aus.
Hinweis: Kinder, die keine Handmassage haben wollen, gibt die Spielleitung lediglich die Hand, um sich von ihnen zu verabschieden.

Die Klangreise

Alter: ab 3 Monaten
Material: 1 Triangel

Die Gruppe steht im Kreis. Die Erwachsenen, die ebenfalls auf der Kreisbahn stehen, halten die Allerkleinsten im Ein-Bein-Tragegriff (➜ S. 10).
Die Spielleitung holt sich die Triangel, begibt sich in die Kreismitte und wählt ein beliebiges Kind oder einen Erwachsenen mit Baby auf der Kreisbahn aus. Erklingt die Triangel, geht die betreffende Person links im Innenkreis herum.
Alle übrigen winken zum Abschied. Ist der Klang verklungen, begibt sich die Person wieder auf die Kreisbahn.
Stehen alle wieder im Kreis, fängt eine neue Spielrunde an.
Das Spiel ist aus, sobald alle einmal die Klangreise angetreten haben und dabei von der Gruppe verabschiedet wurden.

Verabschiedung mit der Klangkugel

Alter: ab 1,5 Jahren
Material: pro Kind 1 Kissen, 1 Klangkugel

Die Gruppe sitzt mit gegrätschten Beinen im Kreis. Die Spielleitung holt eine Klangkugel und setzt sich zu den Kindern auf die Kreisbahn.
Sie rollt die Klangkugel irgendeinem Kind zu. Erst wenn die Kugel ihr Ziel erreicht hat und aufhört zu klingen, verabschiedet die Gruppe leise dasjenige Kind, dem sie gerade die Klangkugel zugerollt hat. Das betreffende Kind schaut sich in der Runde um und rollt die Klangkugel entweder alleine oder mithilfe der Spielleitung einem anderen Kind zu, das auf die gleiche Art von der Gruppe verabschiedet wird.
Das Spiel ist aus, sobald alle Kinder einmal mit Klangkugel verabschiedet wurden.

Glockenspiel zum Abschied

Alter: ab 2,5 Jahren
Material: pro Kind 1 Kissen, 1 Glockenspiel oder Metallofon, pro Kind 1 kleines Chiffontuch

Die Kinder sitzen im Kreis beisammen, in dessen Mitte die Spielleitung auf dem Boden kniet. Sie hat ein Glockenspiel und für jedes Kind ein Chiffontuch direkt vor sich liegen. Sie schlägt leise einen Ton an. Ist nichts mehr zu hören, winkt sie mit einem Tuch einem Kind zu, von dem sie sich leise verabschiedet. Das betreffende Kind geht zur Kreismitte, um sich das Tuch zu holen. Sitzt das Kind wieder auf seinem Platz, schlägt sie leise wieder einen Ton an, um mithilfe eines anderen Tuches ein weiteres Kind zu verabschieden.
Erst wenn alle Kinder ein Tuch in den Händen halten, winken sie sich gegenseitig zum Abschied zu und sagen *„Tschüss!"*.

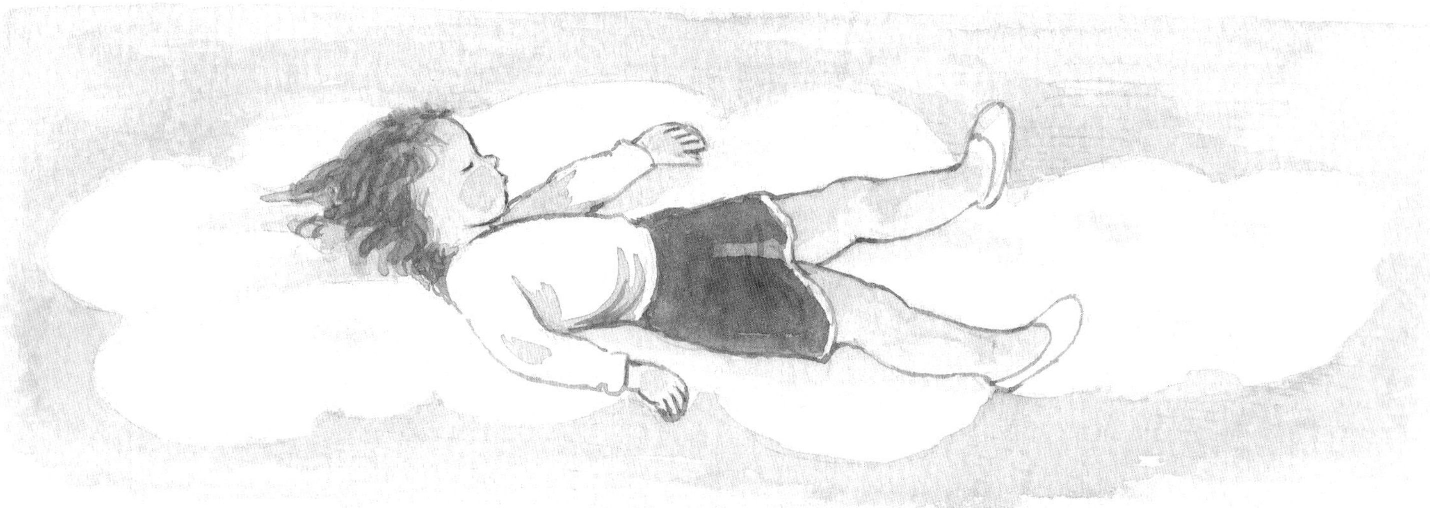

Variante ab 1 Jahr

Die Kinder sitzen auf ihren Kissen im Kreis und erhalten jeweils ein Tuch von der Spielleitung. Die Spielleitung schlägt einen Ton leise auf dem Glockenspiel an und sagt z. B.:

„Hört ihr den Ton, muss Viviane gehen.
Wir winken und sagen ‚Auf Wiedersehen!'"

Die Kinder winken so lange mit ihren Tüchern, bis die Spielleitung einen weiteren Ton auf dem Glockenspiel leise anschlägt. Das nächste Kind wird mit einem neuen Glockenton verabschiedet.
Das Spiel ist aus, sobald alle Kinder in der Gruppe von der Spielleitung verabschiedet wurden.

Auf der Wolke

Nr. 6 „Traumzeit"

Alter: ab 2,5 Jahren
Material: pro Kind 1 Lammfell o. Ä., Entspannungsmusik, CD-Player; evtl. pro Kind 1 Fingerpüppchen

Die Kinder legen mit ihren weichen Unterlagen eine große Wolke auf dem Boden aus. Sie legen sich mit dem Rücken oder Bauch auf ihre Wolke. Die Spielleitung schaltet die Entspannungsmusik ein, die leise im Hintergrund erklingt. Sie sagt den Kindern, dass sie nun von der Wolke aus auf ihre Kindergruppe blicken können und sich so bestimmt besonders gut an ihren Tag erinnern können. Während die Spielleitung den Kindern aufzählt, was sie heute so alles gemeinsam gemacht und Schönes erlebt haben, hören die Kinder zu und ruhen sich dabei auf ihrer weichen Wolke aus. Nach einer kurzen Pause, bei der die Musik immer noch zu hören ist, streichelt sie sanft der Reihe nach den Kindern über den Kopf.
Ist die Musik beendet, verabschiedet die Spielleitung sich von der Gruppe, die nun den Kreis verlässt.

Variante ab 3 Monaten

Immer ein Erwachsener kniet vor einem Kind, das mit dem Rücken auf einem Lammfell liegt.
Während nun die Entspannungsmusik leise im Hintergrund erklingt, spricht der Erwachsene mithilfe des Fingerpüppchens mit ruhiger und leiser Stimme zu dem vor ihm liegenden Kind. Dabei erzählt er dem Kind, was es heute Schönes gemacht und erlebt hat. Hin und wieder macht der Erwachsene eine kleine Pause, sodass nur noch die Musik zu hören ist. Selbst wenn das Kind das Gesagte noch nicht versteht, wird es sich über die individuelle Zuwendung sehr freuen.
Ist das Musikstück beendet, verabschieden sich die Erwachsenen mithilfe ihrer Fingerpuppe von den vor ihnen liegenden Kindern.

Anhang

Register

Spiele, Massagen und Übungen sortiert nach Altersangaben:

ab 3 Monaten

Abschiedsrunde 92

Das Wetter heute 24
Die Klangreise 92

Einschlafen mit Lamm & Co. 81
Entspannungslicht(er) 16

Federleichte Massage 50

Klang-Babyschaukel 50
Klingender Morgenkreis 18
Klingende Schneeflocken 49

Massage mit Naturmaterialien 64
Mein kleiner Kuschelbär 56
Mein Massageroller 54
Mit dem Schwamm wasche ich 61

Sandbad 69
Sanfter Cremespaß 52
Schlaf gut! 80
Schmusekatze 44
So klingt der Morgengruß 29
Sonnenmassage 55
Sternentanz 57
Streichelzarte Begrüßung 19

Traumhafter Herbstwald 72

Wer klopft denn da? 76
Wohltuende Klänge 50
Wo ist das Fingerpüppchen? 38
Wo ist das Tuch? 42

ab 1 Jahr

Begrüßung im Schneckentempo 16

Den Mond und die Sterne 85

Hörst du das Shanti-Klangspiel? 36

Psst! Erst lauschen! 48
Puppe und Teddy 59

Sternenbett 47

Wärmekissen-Massage 58
Wen begrüßt die Maus? 23
Wo schlafen die Tiere? 84

ab 1,5 Jahren

Abrakadabra! Was zaubere ich? 66

Eine(r) am Himmel wacht 83

Hörst du nicht die Klänge? 18

Klangkiste 39

Mucksmäuschenstill 89

Sandförmchen-Mandala 73
Schlafenszeit für Schnecken-Kinder 80
Sternentunnel 36
Super Schnuppernase. 41

Teddys Körperpflege 85
Tiergeräusche im Wald 75

Verabschiedung mit der Klangkugel 93
Vor dem Spiegel 33

Was liegt unter der Decke? 45
Wer ist alles müde? 82
Wir machen es uns schön 27
Wunschstern 35

ab 2 Jahren

Das Einschlaf-Lied für den Hasen Felix. . . 88
Die Schnecke geht schlafen. 88

Entscheidung im Schneckentempo 58
Entspannte Malstunde 54

Flüsterndes Willkommen 18
Foto-Begrüßung 20
Füße verwöhnen & Schuhe-Raten 40

Hundekorbtausch 42

Igel im Winterschlaf 70
Imaginärer Waldspaziergang 63

Klangschalen-Wellness 48
Klangvolle Abschiedsrunde 91

Mein Einschlaf-Teddy 83
Morgengruß ohne Worte 23
Morgentanz 25
Morgentanz der Puppeneltern 28

Schnecken-Kreis. 77
Spürst du das Kuscheltier? 57

Verabschiedung der Waldtiere 68

Wettermassage 65
Wir bauen ein Bett aus Holz 72

ab 2,5 Jahren

Abschieds-Blindekuh. 89
Auf der Wiese tummeln sich 71
Auf der Wolke 94

Baumstumpf-Mandala 64
Blätter-KönigIn 77
Brrr macht der Wecker!. 22

Der leise Morgengruß 17
Die Sanduhr 90

Entdecke den Raum!. 31

Federweiches Wecken. 21

Glockenspiel zum Abschied 93

Hallo Igel! 17
Hasengrüße. 26
Himmlischer Tüchertanz 31
Hinlegen und wohlfühlen 44

Ina im Wolkenbett 87

Kennst du den Körperteil? 32
Kleine Igelball-Massage 52
Körpermalerei 53

Landschaftsbetrachtung 38
Laubblatt-Betrachtung. 73

Morgendämmerung 19
Morgenpost 25

Natur-Detektive 74
Naturtastdecke 77

Pullover aus Blättern 78

Riesen-Regen-Schneckenspaß 76

Sanfte Berührung. 51
Schlussrunde mit Handmassage. 92
Schnecken-Meditation. 75
Sonnige Grüße. 24
Spot an auf den Baum! 69
Stein im Schuh? 70
Stille Naturbetrachtung 67
Stoffe zuordnen 43
Stuhlwechsel auf Zeit 45

Teddy winkt dir zu! 28
Turnschnecke 36

Verdecktes Händeschütteln 21

Wacht auf, ihr Waldtiere! 63
Wem gehört der Schlafplatz? 34
Wer schläft denn da? 34
Wer streichelt mich? 47
Wir sind die leise Vogelschar 89
Wo ist deine Hand? 91

Zaubermäuse 60

Literatur und Musik (Krippe & Kiga)

Literatur

Erkert, Andrea: Die 50 besten Wahrnehmungsspiele. München (Don Bosco) 2008.

Erkert, Andrea: Inseln der Entspannung. Kinder kommen zur Ruhe mit 77 phantasievollen Entspannungsspielen. Münster (Ökotopia) 1998.

Erkert, Andrea: Kinderleichte Ruheerlebnisse. Mit Ruhespielen, Fantasiereisen, Mandalas und Streichelmassagen entspannen und innere Stille finden. Münster (Ökotopia) 2009.

Erkert, Andrea**:** Trarira die Kinder sind da. Die schönsten Rituale für die Krippe. Freiburg im Breisgau (Herder) 2013.

Erkert, Andrea: Wahrnehmungsspiele. Für Kita und Schule. Freiburg im Breisgau (Herder) 2011.

Friebel, Volker; Erkert, Andrea und Friedrich, Sabine: Kreative Entspannung im Kindergarten. Freiburg im Breisgau (Lambertus) 1993.

Friebel, Volker: Kinder entdecken die Langsamkeit. Musikalisch spielerische Förderung von Konzentration, Achtsamkeit und Wohlbefinden. Münster (Ökotopia) 2008. *(mit Begleit-CD)*

Gnetter, Ingrid: Wahrnehmungsspiele für alle Sinne. Die schönsten Ideen für Krippe, Kita und Eltern, München (Don Bosco) 2012.

Gulden, Elke und Scheer, Bettina: Schaukelmaus & Kuschelkater. Lieder, Verse und kleine Spiele zum Fühlen und Berühren, Tasten, Schaukeln, Massieren und Schmusen für die Kleinsten. Münster (Ökotopia) 2012.

Günther, Sybille: Snoezelen – Traumstunden für Kinder. Praxishandbuch zur Entspannung und Entfaltung der Sinne mit Anregungen zur Raumgestaltung, Phantasiereisen, Spielen und Materialhinweisen. Münster (Ökotopia) 2002.

Klein, Margarita: Schmetterlinge und Katzenpfoten, Sanfte Massage für Babys und Kinder. Münster (Ökotopia) 1999.

Klein, Margarita; Höfele, Hartmut E. und Hirler, Sabine: Sanfte Klänge. Für Babys und Kleinkinder. Hör- und Klangerlebnisse spielerische Anregungen und hilfreiche Informationen für Eltern, Krippe und Kleinkindgruppen. Inklusive CD. Münster (Ökotopia) 2010.

Kurze, Petra und Keudel, Hartmut: Schlafen lernen. GU Ratgeber Kinder. München (Gräfe und Unzer) 2009.

Portmann, Rosemarie: Die 50 besten Entspannungsspiele. München (Don Bosco) 2008.

Schneider, Vimala: Babymassage. Praktische Anleitung für Mütter und Väter. München (Kösel) 2002.

Schön, Bernhard (Hrsg.); Friedrich, Sabine und Friebel, Volker: Einschlafen, Durchschlafen & Ausschlafen. Kindern mit Liedern, Geschichten und Ritualen helfen. 1–10 Jahre. Weinheim (Beltz) 2011.

Seyffert, Sabine: Bald schon kommt der Sandmann. Das Einschlafbuch. Mit Ritualen, Spielen, Geschichten & Massagen zum Einschlafen und Träumen. München (Kösel) 2010.

Voormann, Christina und Dandekar, Govin: Babymassage. GU Ratgeber Kinder. München (Gräfe und Unzer) 2009.

Musik

Buntrock, Martin: Kinderleichte Ruheerlebnisse. Entspannungsmusik zum Stillwerden, Träumen, Fantasieren und Einschlafen. Münster (Ökotopia) 2009.

Buntrock, Martin: Traumreise. Spezielle Entspannungsmusik. MBM Records 2009.

Buntrock, Martin: Meer. Spezielle Entspannungsmusik. MBM Records 2009.

Buntrock, Martin und Greifenberg, Dieter: Ausruhen am Bach. Musik zum Entspannen, Träumen & Genießen. Music for Dreaming and Relaxing. MBM Records 2011.

Jöcker, Detlev: Kinderträumeland. Babys erste Musik zum Einschlafen und Träumen. CD mit sanfter Instrumentalmusik alter und neuer Schlaf – und Wiegenlieder & Büchlein mit Liedern, Anregungen und Tips für den praktischen Umgang mit Musik. Münster (Menschenkinder) 1993.

Kiwit, Ralf: Traumstunden für Kinder. Erde-Feuer-Wasser-Luft. Musik zur Entspannung und Gestaltung von Traumreisen. Münster (Ökotopia) 2002.

Kiwit Ralf, Gulden Elke und Scheer, Bettina: Schaukelmaus & Kuschelkater. Lieder, Verse und kleine Spiele zum Fühlen und Berühren, Tasten, Schaukeln, Massieren und Schmusen für die Kleinsten. Münster (Ökotopa) 2012.

Sommerland, Simone: Die 30 besten Schlaflieder für Kinder. Zum Entspannen und Einschlafen mit Gute-Nacht-Geschichten zum Vorlesen. Lamp und Leute 2012.

Schuier, Franz: Musik zum Einschlafen. So schlafen und träumen Kinder gut. München (Kösel) 2001.

Schuier, Franz: Musik zum Entspannen und Einschlafen. So finden Kinder zur Ruhe. München (Kösel) 2008.

Various: Die schönsten Kinderlieder zum Kuscheln, Einschlafen und Träumen. Karussell 2012.

Zuckowski, Rolf: Heia-Rolfs kleine Nachtmusik. Hamburg (Musik für Dich) 2004.

Zysk, Stefanie: Spielend vom Baby zum Vorschulkind. Münster 2013.

Die Autorin

Andrea Erkert, geb. 1967, ist Erzieherin, Entspannungspädagogin und Fachlehrerin einer Grundschulförderklasse in der Nähe von Stuttgart und verfügt über mehrjährige Berufserfahrung als Leiterin eines 5-gruppigen Kindergartens. Seit über 20 Jahren bietet sie praxisnahe Fortbildungen und Elternabende in Kindergärten und Schulen u. a. zu den Themen Entspannung, Bewegung und Kreisspiele im In – und Ausland an.

Anfragen für ganz- oder halbtägige Seminarveranstaltungen und Elternabende:

Andrea Erkert
Seelacher Weg 79
71522 Backnang
Deutschland
oder
817 Columbus Ave
Lehigh Acres, FL 33972
Florida, USA
Tel. (07191) 908357
Fax: (07191) 908359
andrea.erkert_florida-sun@t-online.de

Die Illustratorin

Annie Meussen, geb. 1949, lebt und arbeitet in den Niederlanden. Bereits als junges Mädchen erhielt sie ihren ersten professionellen Unterricht von ihrem Vater. Seither hat sie sich vor allem in der Detailzeichnung weiterentwickelt. Nach der Schulzeit arbeitete Annie Meussen als Erzieherin mit kranken Kindern in einem der wenigen Krankenhäuser, an die auch eine Schule angegliedert war. Seit 1990 ist sie selbstständige Illustratorin von Kinderbüchern und Kalendern.

Für den Ökotopia Verlag illustrierte Annie Meussen bereits folgende Bücher: Santa, Sinter, Joulupukki (2002), Käfer, Katze und Kaninchen (2003), Streicheln, Spüren, Selbstvertrauen (2003), Englische Bewegungshits (2004), Feste feiern und gestalten rund um die Jahresuhr (2005), Ganzheitliche Entspannungstechniken für Kinder (2006), Bewegung mit Musik macht Kinder stark (2007), Schutzengel sind überall (2012), Das Kinderyoga-Spielebuch (2012), Das Mitmachgeschichten-Buch (2013), Weihnachtsmaus & Winterwichtel (2013), Krabbelkinder lieben Rituale (2014), Sanfte Ruheerlebnisse für Krabbelkinder (2014).

Birgit Butz, Anna-Kristina Mohos, Unmada Manfred Kindel

SINGEN, SPIELEN, ERZÄHLEN MIT KINDERGEBÄRDEN

Lieder, Fingerspiele und Reime mit den Händen begleiten – für Kinder von 0-4 Jahren

ISBN (Buch inkl. CD mit Gebärdenvideos) 978-3-86702-180-7
ISBN (CD) 978-3-86702-197-5

Margarita Klein

SCHMETTERLING & KATZENPFOTEN

Sanfte Massagen für Babys und Kleinkinder

ISBN 978-3-86702-296-5

Margrit Dietze

KRABBELKINDER LIEBEN RITUALE

Hilfreiche Struktur und Orientierung im U3-Alltag durch Rituale, Lieder und Verse

ISBN (Buch inkl. CD) 978-3-86702-300-9

Annegret Frank

KRABBELN, KLECKSEN, KUSCHELN

Kindgerechte Praxisideen für den Krippenalltag

ISBN 978-3-86702-219-4

Tanja Jäger, Christiane Loy, Petra Torscher

KRIPPENKINDER IN AKTION

Praxisbuch mit vielen Ideen für spontane und geplante Angebote zur ganzheitlichen Entwicklungsförderung

ISBN 978-3-86702-121-0

Elke Schlösser

SO GELINGT ZUSAMMENARBEIT MIT ELTERN – U3

Professionell im Kontakt in Startphase, Elterngesprächen, Elternabenden & Hospitationen

ISBN 978-3-86702-239-2

Dr. Stefanie Zysk

SPIELEND VOM BABY ZUM VORSCHULKIND

Die kindliche Entwicklung von 0-5 Jahren richtig einschätzen und gezielt spielerisch fördern in Krippe, Kiga und zu Hause

ISBN 978-3-86702-206-4

Nina Held, Marlies Müthing

SIEBEN X SIEBEN ERGIBT FEINEN SAND

Mit vielfältigen Spielen für Kinder unter drei Jahren Entwicklungsprozesse sichtbar machen und dokumentieren

ISBN 978-3-86702-173-9

Fordern Sie unseren kostenlosen Magalog an!
Besuchen Sie den Onlineshop mit Lese- & Hörproben, kostenlosen Liedtexten, Terminen, Schnäppchen & vielen, vielen Infos ...

www.oekotopia-verlag.de

Bleiben Sie in Kontakt

ÖKOTOPIA